经典百年海战大观

纳尔维克港"困兽犹斗"

田树珍★编著

民主与建设出版社
·北京·

© 民主与建设出版社，2018

图书在版编目（CIP）数据

纳尔维克港"困兽犹斗" / 田树珍编著 . -- 北京：民主与建设出版社，2018.8

（经典百年海战大观）

ISBN 978-7-5139-2000-1

Ⅰ . ①纳… Ⅱ . ①田… Ⅲ . ①第二次世界大战战役—海战—史料 Ⅳ . ① E195.2

中国版本图书馆 CIP 数据核字（2018）第 038764 号

纳尔维克港"困兽犹斗"
NAERWEIKEGANG KUNSHOUYOUDOU

出 版 人	李声笑
编 著 者	田树珍
责任编辑	胡 萍
封面设计	朝圣设计
出版发行	民主与建设出版社有限责任公司
电 话	（010）59417747　59419778
社 址	北京市海淀区西三环中路 10 号望海楼 E 座 7 层
邮 编	100142
印 刷	湖南汇龙印务有限公司
版 次	2018 年 8 月第 1 版
印 次	2022 年 6 月第 2 次印刷
开 本	710 毫米 ×1000 毫米　1/16
印 张	15
字 数	180 千字
书 号	ISBN 978-7-5139-2000-1
定 价	39.80 元

注：如有印、装质量问题，请与出版社联系。

前 言

大海战 100 年

美国杰出的军事理论家马汉于 1890—1905 年间提出了制海权理论，其核心是"谁能控制海洋，谁就能控制陆地，进而控制整个世界"。因此，掌握全面制海权不仅是海军的核心任务，更是国家的战略目标，人类近代海战史充分印证了马汉这一理论。

近百年来，以美国、英国、法国、德国、意大利、日本为首的军事强国都在优先发展海上力量。在第一、第二次世界大战及近代几次战争中，这些国家通过海上封锁、破坏对方海上运输线、海上决战等方式，在一定海域内获得了制海权，进而实现了控制相关陆地的战略目的。

这其中，留给我们印象最深刻的是两次世界大战，无论是作战规模、作战样式，还是战争的惨烈程度都是空前的。在这两场战争中，海战这一古老的战争类型，由于使用了新武器、新装备，发生了革命性的变化。当德国的"俾斯麦"号和"提尔皮茨"号、日本的"大和"号和"武藏"号、英国的"威尔士亲王"号等超级战列舰被奉为"海战之王"时，以美国为代表的航空母舰及其战斗群横空出世，在一场场血与火的搏杀中表现出色，为美国最终赢得太平洋战争立下汗马功劳，名正言顺地取代了战列舰成为新的"海上霸主"。同时，随着人类科学技术的不断进步，核潜艇的出现又彻底打破了固有的海战模式，其强大的战略、战术威慑力，使之成为令人生畏的深海杀手。

为了再现近百年的大海战全景，我们精心推出"经典百年海战大观"系列丛书。这套书详细地再现了近百年来海战中的经典战例、著名战舰以及一些鲜为人知的人物故事，共20册，每册讲述一个独立的海战故事，书中涉及日德兰之战、珍珠港之战、珊瑚海之战、中途岛之战、瓜达尔卡纳尔之战、莱特湾之战、马里亚纳群岛之战、围歼"俾斯麦"号战列舰之战等海战史上至今仍然被人们津津乐道的经典战役。

进入21世纪，中国人民解放军海军迅速发展壮大，有力地保卫了祖国海防，但中国海军依然任重道远。要保护我们国家的利益，需要建设强大的海军，需要我们比以往任何时候都更加关注海洋、了解海战的历史。

目　录

第一章
"海上多面手"

★法国意识到，英国的"鱼雷艇驱逐舰"可使他们庞大的鱼雷艇舰队面临灭顶之灾。他们所能做的就是效法英国人，建造出更威猛的"鱼雷艇驱逐舰"。

★驱逐舰的速度大大地超过巡洋舰，因此，轻巡洋舰不得不把为舰队领航的重任移交给那些经过专门设计的大型驱逐舰。

★英国人抢占了先机，"月桂"号驱逐舰对"G-194"号鱼雷舰最先开火。一小时之内，32艘英国驱逐舰以及"林仙"号轻巡洋舰和"无恐"号轻巡洋舰同德国鱼雷艇交了火。

★行进途中，一发105毫米炮弹正好击中"獾"号驱逐舰的舰桥，该舰右舷的机舱传令钟被炸坏，舰长、舵手和见习舰员当场被炸死。

1. 海战新利器 / 002
2. 驱逐舰竞争 / 014
3. 袭击赫尔戈兰 / 022
4. 能干的"多面手" / 030

第二章
不断壮大的战舰队伍

★德国军舰的交叉火力击中了英国"不倦"号战列巡洋舰。一枚德国穿甲弹穿透炮塔装甲,在炮塔内爆炸,胡乱堆放的发射药被引燃。火势蔓延,大团黑烟从炮塔破口中冒出来。

★面对德国人的疯狂攻击,英国驱逐舰第4支队排出战斗队形,全力以赴迎战。

★一发炮弹击中"博沙"号驱逐舰,一根辅助蒸汽管道被切断,其速度开始下降。舰长雷德决定:与其等着被鱼雷击中,不如主动去撞击德国的鱼雷艇。

★在战斗中,驱逐舰排成队列朝着"敌人"战舰编队全速前进。如果能利用烟幕掩护规避敌方的鱼雷攻击高速航行,一切问题就迎刃而解。

1. 日德兰海战的配角 / 042
2. "勇于搏杀的小将" / 055
3. 心照不宣的较量 / 064

第三章
挪威战争风云突起

★残破不堪的"斯比伯爵"号袖珍战列舰上,兰斯多夫向聚在指挥舱的军官们下达了他一生中最艰难,也是最痛心的一个命令——自行凿沉。

★希特勒厉声对雷德尔说:"我们一定要拿下挪威,挪威的抗议简直软弱无力!"如果德国再不采取必要的行动,一旦英国登上挪威领土,一切都晚了。

★雷德尔担心他的运输舰队在行进途中会遭到英国海军袭击。但是,希特勒的答复是:"就算损失一半的海军力量,也必须征服挪威。"

★德国首批登陆舰队的运载工具居然是10艘驱逐舰!德国士兵全部挤在驱逐舰狭小的甲板上,就连弹药舱都塞满了人。

1. 血战南大西洋 / 078
2. 挪威成必争之地 / 088
3. "威悉河演习"计划 / 098
4. 希特勒剑指北欧 / 111

第四章
德国海军登陆挪威

★德国人根本没有想到，英国驱逐舰会有这一手，连忙紧急避让。但是，太迟了！"萤火虫"号驱逐舰从侧面向"希佩尔海军上将"号重巡洋舰撞去。只听"轰"的一声响，"希佩尔海军上将"号重巡洋舰被撞开了一个裂口。

★5艘挂着法国国旗的军舰慢慢地靠岸。挪威人没有想到，驱逐舰舱里蹲着的全是德国登陆队士兵。还没等挪威人反应过来，数以千计的德军就冲上了海岸。

★奥弗特峡湾是进攻纳尔维克港的必经之路。德军舰队大兵压境，挪威海军四面出击，挪威正面设防的力量远远不够。

★在行进过程中，德军没有遇到任何抵抗力量，很快就占领了奥斯陆的凯勒军用机场。在凯勒军用机场，德军发现了60吨燃油储备，他们立即把这里作为运送部队和补给部队的第二个基地。

1. 英德抢占挪威 / 124
2. 挪威，遍地狼烟 / 137
3. 奥斯陆，今夜不设防 / 162

第五章
纳尔维克争夺战

★英国驱逐舰分队悄悄地开进了纳尔维克海区。当时，恰好是黄昏，天气急剧恶化。大海上笼罩着浓雾，风雪交加，能见度仅仅为 400 米。

★两次纳尔维克海战，德国损失惨重。"赫尔曼"号驱逐舰、"吕德尔"号驱逐舰、"阿尼姆"号驱逐舰、"吉泽"号驱逐舰等 10 艘驱逐舰不是被英国海军击沉，就是受伤沉没。

★迪特尔将率领德国山地部队，在纳尔维克港内死守。但是德国海军、空军、陆军补给都不足，想要守住纳尔维克是一件很难的事。

★"热心"号驱逐舰在完成第 7 次毫无成效的鱼雷攻击后，再也支撑不住，开始下沉。

1. 反攻纳尔维克 / 176

2. 纳尔维克港拉锯战 / 192

3. 盟军联合进攻 / 204

4. "光荣"号航空母舰沉没 / 215

第一章
"海上多面手"

★ 法国意识到，英国的"鱼雷艇驱逐舰"可使他们庞大的鱼雷艇舰队面临灭顶之灾。他们所能做的就是效法英国人，建造出更威猛的"鱼雷艇驱逐舰"。

★ 驱逐舰的速度大大地超过巡洋舰，因此，轻巡洋舰不得不把为舰队领航的重任移交给那些经过专门设计的大型驱逐舰。

★ 英国人抢占了先机，"月桂"号驱逐舰对"G-194"号鱼雷舰最先开火。一小时之内，32艘英国驱逐舰以及"林仙"号轻巡洋舰和"无恐"号轻巡洋舰同德国鱼雷艇交了火。

★ 行进途中，一发105毫米炮弹正好击中"獾"号驱逐舰的舰桥，该舰右舷的机舱传令钟被炸坏，舰长、舵手和见习舰员当场被炸死。

1. 海战新利器

在海军诸多武器装备中，就魅力、成就和声誉而言，没有任何军舰能与驱逐舰相比。因为驱逐舰是现代海军中必不可少的舰种，是现代海军中用途最为广泛的舰种。

最初的驱逐舰是为了执行赶走鱼雷艇这一单一任务而建造。但在随后80年发展史中，它逐渐发展成为一种多用途的军舰——它能为海上舰艇编队护航、实施鱼雷攻击、消灭潜艇，也能遣送部队登陆和炮击岸上阵地等。虽然驱逐舰体型很小，远远不如巡洋舰，却在海战中有着"黄金配角"地位，是海军中能做出"大贡献"的"小角色"。

驱逐舰的产生与其老对手鱼雷艇有密切关系。因为驱逐舰就是为了对付鱼雷艇而被研制出来的。

19世纪60年代初期，一位奥地利退役海军上校发明了一种无人驾驶炸药船。不久，英国海军工程师罗伯特·怀特黑德在无人驾驶炸药船基础上研制出了最早的鱼雷——一艘能在水下以6.5节速度航行184米的小艇。这无疑是袭击水面船舰的利器。

1870年，怀特黑德带着这种样艇到英国，向英国海军部做了演示。一阵电光之后，靶船被摧毁。于是，这种样艇被命名为"鱼雷"。就这样,鱼雷正式诞生了。

在相当长一段时间内,"鱼雷"都作为水下爆炸装置的一种统称。随后几年,"怀特黑德"式鱼雷(White Head,即"白头"式鱼雷)在英国进行了100多次射击表演,给英国海军部以深刻的印象。英国海军部决定马上购买"白头"式鱼雷的生产权,将这种新式武器装备到海军中去。

第一艘专门用来发射鱼雷的英国军舰是"闪电"号鱼雷艇。"闪电"号鱼雷艇于1877年下水并完工。"闪电"号鱼雷艇通过其艇身对准目标为发射的鱼雷瞄准,它在风平浪静的海面上有19节航速,携带直径为356毫米的鱼雷时,能以18节的航速航行548米。

对19世纪70年代的军舰来说,这类鱼雷艇性能已是非常好,装备这种军舰是非常先进的。因此英国海军部认为,有必要多订购这类鱼雷艇,有必要大规模装备。

"闪电"号鱼雷艇

英国海军大规模装备鱼雷艇后,英国海军部决定全部采用艇编号。"闪电"号鱼雷艇成为英国海军的"1号鱼雷艇"。"闪电"号鱼雷艇和其他鱼雷艇进行了大量性能试验,但它们的用途暂时被限定于港口防御。由于它们太小、太轻,除了驶出港口对敌舰队发射鱼雷之外,不能在公海航行,不能作为进攻性武器。

尽管如此,"白头"式鱼雷的破坏力还是给主要海军国家留下了深刻印象。法国和英国首先觉察到它将会引起海军装备技术的一场变革,于是迅速加强对鱼雷艇的研究。他们非常重视鱼雷艇。

"白头"式鱼雷艇的鱼雷

第一章 "海上多面手"

"白头"式鱼雷刚出现时,法国并没引起足够重视,但看到英国用鱼雷艇进行试验时,法国人也不甘落后,开始重视起这种新式武器来。1875年,法国订购了第一艘鱼雷艇。此后,法国鱼雷艇的数量不断增加。到1880年,已建成30艘鱼雷艇,另有30艘在建。在1885年,法国鱼雷艇的总数达到104艘。

看到英国和法国大力发展鱼雷艇这种新式武器,奥地利、智利、希腊、德国、意大利、日本等国纷纷跟进。在很短时期内,这些国家都拥有了鱼雷艇。

因为鱼雷艇才刚刚出现,鱼雷也处于初级阶段,改进的空间和余地很大。起先,英国海军虽然装备了鱼雷艇和鱼雷,但数量并不很大。看到法国鱼雷艇和鱼雷的装备规模不断扩大,英国感受到了威胁,焦虑不安,决定再建造10艘鱼雷艇。但英国海军部认为,在对待鱼雷艇问题上,不能仅仅要增加它的数量,与此同时还要研究出对付它的克星。法国鱼雷艇虽多,但只要英国拥有鱼雷艇的克星,来自法国的海上威胁自然会消除。

经过一番研究和讨论,英国海军部最后决定建造另外一种舰艇——它比鱼雷艇具有更快的速度。敌人鱼雷接近前,可使用这种快速军舰上的火炮将其击沉。

于是,英国人萌发了新的想法,即设计和建造装有火炮和鱼雷的大型快速舰——"鱼雷艇捕捉舰"。海军部订购了4艘由海军建造局设计的"鱼雷艇捕捉舰",即"响尾蛇"号"鱼雷艇捕捉舰"、

"蝗虫"号"鱼雷艇捕捉舰"、"白蛉"号"鱼雷艇捕捉舰"和"蜘蛛"号"鱼雷艇捕捉舰"。这4艘新型军舰于1887年至1888年加入了英国舰队服役。

1887年4月,英国新建的"响尾蛇"号"鱼雷艇捕捉舰"同18艘鱼雷艇一起开始进行一系列试验。在随后两周内,"响尾蛇"号"鱼雷艇捕捉舰"奋力捕捉它的"小敌人",但结果不尽如人意。当时"响尾蛇"号"鱼雷艇捕捉舰"的重量轻,其速度高的蒸汽机尚处于不成熟阶段,而且它的舰体太轻了。因而"响尾蛇"号"鱼雷艇捕捉舰"的速度虽比鱼雷艇快,但仍不足以构成优势,而且它的高频振动几乎使人难以忍受。在平静的海面上,它尚能够捕捉住鱼雷艇,可是在波涛汹涌的海面上时,它的速度便立即下降,没有任何优势可言。不仅如此,"响尾蛇"号"鱼雷艇捕捉舰"在白天对鱼雷艇进行攻击,无疑是自取灭亡,因为一不小心就会被对手发射的鱼雷击中。

尽管英国海军部于1889年又订购了13艘改进的"响尾蛇"型"鱼雷艇捕捉舰",但对它们不抱有多大希望。因为虽然它们速度较快,但鱼雷艇的航速已提高到24节。实验证明,建造装有足以击沉鱼雷艇所需火炮的高速"响尾蛇"号"鱼雷艇捕捉舰"难以实现。

此时,法国海军已拥有220艘鱼雷艇,俄国有152艘,德国有143艘,意大利有129艘,且有些新型鱼雷艇的航速已达到27.5节。

第一章 "海上多面手"

鱼雷艇捕捉舰

当时，英国和法国之间关系紧张，俄国有和法国结盟趋势，英国海军的186艘鱼雷艇如对上法国加上俄国共计372艘鱼雷艇，败率很大。英国海军部十分焦虑，迫切需要高效能的"鱼雷艇捕捉舰"服役。

英国海军部决定投入巨额资本开发性能更先进的"鱼雷艇捕捉舰"，甚至允许私营公司参与投标。他们说，"皇家造船厂不能建造出符合要求的舰艇"，对舰体设计和机械装备能给予恰当考虑的只能是那些对鱼雷舰有专门研究的公司。

1892年6月，英国海军部订购了4艘"鱼雷艇捕捉舰"，其中两艘由亚罗公司建造，另外两艘由桑尼克罗夫特公司建造。当时，正式的舰名仍然称为"鱼雷艇捕捉舰"，也称"鱼雷艇驱逐舰"。这标志着驱逐舰历史的开始。驱逐舰作为一个新的舰种走上了海军历史舞台。

1893年，英国建成世界上第一艘真正意义上的"鱼雷艇驱逐舰"——"哈沃克"号"鱼雷艇驱逐舰"。"哈沃克"号"鱼雷艇驱逐舰"的航速已经达到了26节，并能在波涛汹涌的海面上航行自如。不仅如此，"哈沃克"号"鱼雷艇驱逐舰"的机动性非常良好，适航性也非常好——试航时，它在海上毫无困难地连续航行了24小时。更为重要的是，"哈沃克"号"鱼雷艇驱逐舰"不仅具有迅速捕捉"敌方"鱼雷艇的能力，而且也能攻击敌舰——它装有1门76毫米火炮和3门47毫米火炮。

第一章 "海上多面手"

不过,"哈沃克"号"鱼雷艇驱逐舰"也存在明显不足。它的生活设备难以令人满意,即使在天晴气爽气候条件下,舰员们也不能得到安然休息。为了保证速度,舰体重量需要减少。舰体结构相当脆弱,舰体壳板经常出现"颤动"现象,海水常常流到生活舱甲板上;由于不注意舱室的空调和舱壁绝热层的铺设,舱室经常出现"出汗"和凝水现象,司炉要经常到甲板上冲洗;军官连自己的住舱都没有,不得不睡在军官集会室周围的弹簧座椅上。面对这些不足,英国海军部为吸引优秀人才到驱逐舰上工作,提出了增发"辛苦费"的措施,以激励舰员们克服困难,在驱逐舰上安心服役。

世界第一艘驱逐舰——英国"哈沃克"号"鱼雷艇驱逐舰"

尽管"哈沃克"号"鱼雷艇驱逐舰"存在不少问题，但它的军事价值为海军所认同。英国海军部又陆续订购了多艘该型舰。到1894年9月，英国"鱼雷艇驱逐舰"的订货总数已达到40艘。

英国人之所以这样做，是因为他们认为，在驱逐舰上装备重型鱼雷武器，可以使驱逐舰"一舰两用"——它可以击毁敌人的鱼雷艇，也可以充当鱼雷艇攻击敌舰。这种"多面手"军舰更能灵活地适应战场需要，从而最大限度地赢得胜利。

英国"哈沃克"号"鱼雷艇驱逐舰"出现后，英吉利海峡彼岸的法国紧张起来。因为法国意识到，鱼雷艇驱逐舰可使法国庞大的鱼雷艇舰队面临灭顶之灾。他们所能做的就是效法英国人建造更威猛的鱼雷艇驱逐舰。

不久后，法国人设计了300吨的迪朗达尔级驱逐舰。迪朗达尔级驱逐舰原型舰的尺寸大体上同英国的哈沃克级驱逐舰相同。虽然迪朗达尔级驱逐舰装有功率更大的发动机，但其排水量也增大了，因此它的有效航速与哈沃克级驱逐舰相比并不占优势。法国的"迪朗达尔"号驱逐舰于1899年夏天进行海上试航后的8年中，法国海军又建造了54艘类似舰型的鱼雷艇驱逐舰。

在法国和英国进行驱逐舰建造竞赛时，德国和美国也不甘落后，纷纷造出了自己的驱逐舰。

美国人放弃了"龟背甲板"式艏楼的驱逐舰设计，采取了升高的艏楼，增强了驱逐舰的适航性。因为这种样式的驱逐舰在海上航行时，舰首不易埋入水中，因而航速可以保持更长时间。不仅如此，升高的艏楼还可以为官兵提供较好的居住舱室，同时可为舰员收抛锚和系缆工作提供更多的甲板空间。

走在世界舰艇技术最前面的英国海军，驱逐舰的数量虽众多，但在驱逐舰的建造上还不太令人满意，改进空间很大。事实上，英国人一直在苦苦追求改进驱逐舰，尤其在提高其航速方面煞费苦心。

1897年，英国人设计出了更新颖的船只，即"图比尼亚"号蒸汽游艇。"图比尼亚"号蒸汽游艇的动力由新型帕森斯蒸汽涡轮机来提供，其航速比当时任何驱逐舰或鱼雷艇都快。随后不久，英国皇家海军奉命建造了"以涡轮机为动力"的"蝮蛇"号驱逐舰、

英国的"维洛克斯"号驱逐舰

"眼镜蛇"号驱逐舰和"大蟒"号驱逐舰。这3艘驱逐舰的最高航速都可达30节。

"蝮蛇"号驱逐舰的试航极为成功。1899年11月,"蝮蛇"号驱逐舰以36节的速度航行1小时——这个速度超过了以往任何驱逐舰的航速。更为优越的是,"蝮蛇"号驱逐舰没出现令甲板上的人员难以忍受的振动。不仅如此,"蝮蛇"号驱逐舰的磨损减少了不少,尽管在低速时耗煤量大,但在高速时其耗煤量却比当时大多数驱逐舰小。

不过,驱逐舰的发展并不是一帆风顺的。"蝮蛇"号驱逐舰在建成后18个月就失事了。又一个月后,"眼镜蛇"号驱逐舰拦腰折断。幸运的是,英国海军部并没有就此停止关于涡轮机的试验。

为了避免不吉利,"大蟒"号驱逐舰改称"维洛克斯"号驱逐舰。虽然"维洛克斯"号驱逐舰一直都没能像"蝮蛇"号驱逐舰那样成功,但它卓有成效的动力依然让它成为海军备受关注的舰种。而从此以后,驱逐舰成为各国海军非常重视的舰种。

★ 驱逐舰

驱逐舰是一种多用途的军舰,它以导弹、鱼雷、舰炮等为主要武器,具有多种作战能力。它是海军舰队中突击力较强的舰种之一,可用于攻击潜艇和水面舰船、舰队防空以及护航、侦察巡逻警戒、布雷、袭击岸上目标等,是现代海军舰艇中用途最广泛、数量最多的舰艇,有"海上多面手"称号。驱逐航的排水量在2000~10000吨之间,航速多为28~38节。

2. 驱逐舰竞争

新式驱逐舰的出现是造舰方针上的一个重大变动。1901年1月，英国海军在制造新舰艇方面有了新的要求：尺寸应低于当时已有的舰艇；合同里规定的速度应以舰艇所能承受的最大负荷时达到的速度为准。

为了进一步改善新式驱逐舰的居住条件，新一级驱逐舰的设计充分吸取了"30节舰"的经验，做出了许多改进。这一级的驱逐舰被称为江河级驱逐舰。它们的出现标志着驱逐舰已经成了一种真正的舰队护航舰艇。这种舰艇不受天气情况的影响，随时都能伴随舰

20世纪初期，驱逐舰上的250KW小型蒸汽涡轮发动机

队出海。1902年和1905年间，英国海军先后订购了37艘江河级驱逐舰。事实证明，他们的决定是非常明智的。

与当时的其他舰艇不同，江河级驱逐舰最显著的特征就是它拥有一个高艏楼。另外，江河级驱逐舰在内部机构上也做出了重大调整。按照合同的规定，江河级驱逐舰的航速降到了25.5节。这使设计师在增强舰体结构方面有了很大支配空间。

江河级驱逐舰舰上第一次为军官们设立了单独的卧室，并在卧室为他们安装了一个坐浴浴盆。为了方便取暖，江河级驱逐舰还为舰长准备了一个加热炉。舰员舱里，虽然有的舰员依旧睡在柜顶的软垫上，却给每人增加了一个50.8厘米的座位座间和45.7厘米的吊床空间。可以这样说，江河级驱逐舰几乎满足了英国皇家海军对舰艇的所有要求。

可是，新的变动很快出现了。第一海军大臣约翰·费希尔要求下一级驱逐舰不仅速度要达到33节航速，还要全部使用燃料——油。这就是众所周知的部族级驱逐舰。

部族级驱逐舰在许多方面都是舰艇发展史上的一种倒退。该舰艇为了追求速度的最大化，严重损害了舰艇的结构强度。用油做燃料虽然可以减少司炉的数量，却会大幅度地缩短舰艇的续航力。据说，部族级驱逐舰在抛锚时都要使用油，部族级驱逐舰的"阿弗里迪"号驱逐舰和"女将"号驱逐舰往返3海里航程的耗油量就达到9.5吨。

另外，费希尔对"迅速"号驱逐舰的干预也在一定程度上阻碍了英国驱逐舰发展。"迅速"号驱逐舰的排水量是其他驱逐舰的两倍，费希尔企图让它拥有足够的尺寸以接替巡洋舰的侦察任务。费希尔要求"迅速"号驱逐舰的速度达到36节，但"迅速"号驱逐舰在试验时航速只达到35节。

事实证明，"迅速"号驱逐舰根本不可能接替巡洋舰的任务，虽然它的尺寸够大，但它建造得比较脆弱，而且很不经济。

费希尔从海军部离任后，英国驱逐舰的发展出现了新景象。

1901年至1910年，猎兔犬级驱逐舰加入英国皇家海军服役。猎兔犬级驱逐舰以煤为主要能源，排水量为1000吨、航速为27节。为了弥补速度上的缺憾，它们装有威力更大的533毫米鱼雷发射管。

英国驱逐舰的发展对其他国家的海军产生了很大影响。

1906年至1907年，美国海军继建造第一批驱逐舰班布里奇级驱逐舰之后，批准建造了5艘史密斯级驱逐舰。1908年至1910年，美国海军接着又建造了21艘保尔丁级驱逐舰。这些驱逐舰外表美观，以"小吨位驱逐舰"著称。它们都采用蒸汽涡轮机，并根据造船厂的不同，装有3个或4个烟囱。"保尔丁"号驱逐舰是美国海军第一艘烧油的驱逐舰。

1906年至1911年，在驱逐舰方面发展缓慢的德国建造的驱逐舰的吨位为760吨左右。虽然他们也采用涡轮机，但只有几艘是烧

英国部族级驱逐舰

油的驱逐舰。德国驱逐舰的主要燃料是煤，而煤在夜间所发出的火光很容易暴露行迹，因此危险性较高。

在舰艇发展方面，法国海军曾一度占据优势，但在驱逐舰方面却十分落后。当其他国家海军的驱逐舰变得更标准、更强化，速度更快时，法国则出现了一系列性能低劣、式样古怪的舰艇。法国海军最早采用的是涡轮机的轻步兵级驱逐舰。这种驱逐舰采用的是三轴布置，其中两根外侧推进器轴与涡轮机相连，而另一根中心轴则与一台三胀式蒸汽机相连，使用起来十分别扭。1909年至1913年，法国海军建造了排水量800吨的盾级驱逐舰，可与其他国家的驱逐舰相比，但它们的舰体结构太脆弱了，一旦增加舰艇的重量，加强舰艇的结构，盾级驱逐舰的速度就会减少4节。一战结束后，法国改变了驱逐舰设计理念，建造了"美洲虎级"驱逐航。

在北海，英国和德国为了增加自己海军的实力，正在不断地改变各自的战术。

德国海军以鱼雷作为舰艇的主要武器。他们最新式的大型鱼雷艇装有 4 具 500 毫米的鱼雷发射管。而英国把保护自己舰队的战斗力作为主要目标，他们的驱逐舰装有较重型的火炮和 2 具 533 毫米的鱼雷发射管，以便更容易地击退敌方的驱逐舰和鱼雷艇。

为了充分发挥驱逐舰的作用，英国海军将驱逐舰编成支队（大队）使用。每个支队拥有 20 艘舰艇，下分 5 个分队，每个分队有一名中校指挥官，而其他舰艇则由上尉或少校指挥。

二战前法国建造的美洲虎级驱逐舰

一般情况下，驱逐舰分队每隔6个月就要进行一次大规模的锅炉清洁和日常维修。为了防止速度降低，维修期间，驱逐舰不仅要把舰底刮干净，还要重新涂刷一层新漆。维修一般由支队的补给维修舰来承担。补给维修舰通常是一艘旧巡洋舰，停泊在能为支队提供最方便服务的锚地。

在驱逐舰维修期间，舰上有半数的舰员可以离开舰艇。当1个分队进行维修时，另外4个分队就要担任起执勤义务：1个分队在海上航行，1个分队准备在接到通知后1小时内出航，2个分队准

一战时的英国驱逐舰

备在接到通知后3小时内出航。

第一次世界大战期间，由于舰艇经常会有较大的磨损，为了确保有更多的驱逐舰能投入到战斗当中，驱逐舰的维修周期由6个月减为4个月。

在发展驱逐舰战术方面，英国和德国面临一个共同的难题：通信联络难题。

由于当时无线电的使用尚处于初期阶段，舰与舰之间的通信联络只能使用旗号或是莫尔斯信号灯。一旦出现敌情，即使英军驱逐舰支队指挥官马上向所属的20艘驱逐舰发出信号，仍需要半个小时才能得到对方简单的回应。

为了解决通信联络给海军带来的困扰，德国人大大减少了支队舰艇的数量——每一个支队仅由12艘舰组成。但实际上，由于烟雾和浪花的影响，无论舰队怎样改编，这些简单而落后的联络信号依旧很难及时被人们所辨识。

随着英国和德国之间的矛盾日益加重，为了迎接可能发生的战争，双方军队都开始进行新的训练实践。

1914年，德国海军的鱼雷射程有了大幅度的提高，攻击距离从437米提高到了2180米。德国海军通过多方面设想，提出了新的作战方案：从敌方舰队的前面进行全速攻击，发射鱼雷穿越敌舰前进中的航线。当敌方因此做出转换方向的反应后，第二支队马上进行其他方位的攻击。这样一来，无论敌舰做出怎样的方向转换，都会被击中。但是，这一作战方案方法仅适用于那些比较笨拙的舰队，对于那些机动灵活的舰队成效并不大。

一场空前的大规模海战即将在英国和德国之间拉开序幕，而这场战役的主要突击兵力就是驱逐舰和鱼雷艇。

★战列舰、巡洋舰、驱逐舰对比

火力配置的强弱顺序依次是：战列舰、巡洋舰、驱逐舰。

速度的快慢顺序依次是：驱逐舰、巡洋舰、战列舰。

战列舰是海军的主力舰艇，用来进行主力舰之间的炮战。战列舰的体型、火炮口径、装甲厚度、排水量都十分庞大。战列舰在火力强度和装甲厚度方面都具有显著的优势，但是，由于船型（两头特窄，中间特宽）和动力装置的限制，它的航速并不是很高。

巡洋舰是一种多功能的战舰。它既能参与炮战格斗，又能进行警戒护航，所以几乎所有的海战任务都有巡洋舰的参与。另外，巡洋舰不仅有较强的火力和防护，还有较强的机动性（航速）。

驱逐舰最早是为了对付鱼雷艇而发明，所以在航速方面具备较强优势，但在火力和防护上并不十分完善。后来，人们为驱逐舰增加了相应的设备及武器（声呐、雷达、鱼雷、深弹等），但它仍旧不属于主力舰的范畴。由于驱逐舰的吨位较轻，它的航速相当高。

3. 袭击赫尔戈兰

经过十几年战略装备竞争，英德两国的海军势力对比也日渐明朗。第一次世界大战前夕，英国海军拥有68艘战列舰、58艘巡洋舰、301艘驱逐舰和鱼雷艇、78艘潜艇。德国海军拥有40艘战列舰、7艘巡洋舰、144艘驱逐舰和鱼雷艇、28艘潜艇。当时最强大的海上霸王——战列巡洋舰，英国有9艘，德国只有4艘。英国舰队在数量上的绝对优势使英国皇家海军完全控制了全球的海洋中心，确保了自己的海运航线。

1914年6月28日，奥匈帝国皇储在南斯拉夫萨拉热窝被刺，第一次世界大战拉开序幕。英国皇家海军虽然派遣一些舰队开赴地中海、北美、西印度群岛、太平洋沿岸，但依旧把主力舰队集中在了北海一带。这支以英国本土港口为基地的主力舰队拥有各种舰艇440余艘，专门用来封锁德国的"公海舰队"。

不久，德国排水量2.3万吨的"格本"号战列巡洋舰闯入黑海，土耳其政府受德国威胁，站到了协约国一边。

第一次世界大战初期，德国海军采取的"海上游击战"战术，将行动集中在海上袭击方面，以劫掠和击沉交战国商船为主要目的。这种战斗方式被法国海战理论家奥比鼓吹为"廉价战争"。德

第一章 "海上多面手"

停靠岸边的"格本"号战列巡洋舰

国为了达到此目的建造了大量轻巡洋舰和潜艇。

英国和德国双方在北海的战争并非一点即燃,因为双方都不愿意轻易拿主力舰队去冒险。为了争夺北海的制海权,双方都用上了自己的轻型兵力——水雷和鱼雷。

1914年8月5日,英国"长矛"号驱逐舰打响了英德海战第一炮。"长矛"号驱逐舰属于英国第3驱逐舰支队。该支队的舰艇全部由新型驱逐舰组成,并由"安费恩"号轻型巡洋舰作为领舰。

第3驱逐舰支队一接到发现敌舰的报告,就立即出发。中午时分,"长矛"号驱逐舰与"兰德雷尔"号驱逐舰发现了一艘德国辅

一艘触雷后正在沉没的驱逐舰

助布雷舰——"柯尼金·路易斯"号辅助布雷舰。"长矛"号驱逐舰与"兰德雷尔"号驱逐舰马上将它击沉。

任务完成之后,"安费恩"号轻巡洋舰率领"长矛"号驱逐舰返回。次日清晨,"安费恩"号轻巡洋舰闯进雷区,被德国海军设下的水雷炸毁。"长矛"号驱逐舰由于吃水较浅,侥幸脱离了险境。这一突发事件表明,德军水雷对英国海军的威胁远比想象中的大得多。

随着第一次世界大战战争规模的不断扩大,英德双方开始在北海设置更多的雷区,企图更大范围地限制对方的活动。

在此后的海战中,驱逐舰成为战役利器。英国海军为了袭击赫尔戈兰湾附近的德军前哨,先在海上埋伏好驱逐舰和轻巡洋舰,之后便派几艘运输舰引诱巡逻的德国鱼雷艇出海。

由于英国海军对这次战役的部署不够周密,他们企图偷袭赫尔戈兰湾德军前哨的意图很快暴露了。而面对这突如其来的进攻,德军也陷入了一片混乱。德军的重型舰艇正停泊在贾德河内,在潮水到来之前,该舰艇根本无法越过沙洲出航。德国高级指挥部根本没有想到英国会派出如此强大的兵力进入自己的势力范围——赫尔戈兰湾,德军的轻型舰艇部队在此时几乎没有任何优势可言。

英国人抢占了先机,英国"月桂"号驱逐舰最先对德国"G-194"号鱼雷艇开火。不到一小时,英国的32艘驱逐舰以及"林仙"号轻巡洋舰和"无恐"号轻巡洋舰便与保卫赫尔戈兰湾内侧巡逻线的德国鱼雷艇交了火。

但是，这次战役远没有英军计划的那么完美，尽管英国的驱逐舰把与敌舰的距离尽量减少到了6400米左右，可大多数炮火都纷纷落空，并没有准确地击中敌舰。

停泊在赫尔戈兰湾附近锚地的德国"斯特蒂"号巡洋舰和"费劳恩洛布"号巡洋舰在听到炮声之后，立即起航赶赴现场。它们集中火力，对英国"林仙"号轻巡洋舰进行猛攻，"林仙"号轻巡洋舰受到重创。

与此同时，英国驱逐舰对德国"D-8"号鱼雷艇和"T-33"号鱼雷艇也发出了猛烈地进攻。而英国"无恐"号轻巡洋舰及其驱逐舰则正奋力把德国"V-187"号鱼雷艇彻底击沉。

受到重创的"林仙"号轻巡洋舰，不得不停下来抢修机器与火炮。它的驱逐舰则停在旁边进行护卫。由于德国的增援部队随时都有可能出现，所以时间越久，形势对英国海军就越不利。

德军第一艘增援军舰"施特安斯堡"号巡洋舰很快出现了。英国"林仙"号轻巡洋舰的指挥官蒂里特刚看到德国的增援军舰，就立即向贝蒂及其战列巡洋舰发出了求救信号："请求支援，请求支援，我的处境窘迫！"

随着时间一分一秒地消逝，英国海军所面临的局面越来越险峻。

英国"月桂"号驱逐舰在发射鱼雷后，马上遭到了德军回击。

一发 105 毫米炮弹直接命中了"月桂"号驱逐舰的主机舱。4 名舰员当场死亡,其余舰员也受了不同程度的伤。接着,德军第二发炮弹在舰首 105 毫米炮附近爆炸,大部分炮手当场被炸死。

在英国"月桂"号驱逐舰遭受炮击的同时,位于"月桂"号驱逐舰后方的"自由"号驱逐舰也同样遭到了德军猛烈地炮击。"自由"号驱逐舰的舰长和信号兵全部被炸死。

位于英国舰队末尾的"拉厄提斯"号驱逐舰也没有幸免于难。它的锅炉舱被德军的炮弹击中,船体受到重创。

英国舰队并没有因此停止进攻。一枚英国鱼雷击中了德国的"美因茨"号巡洋舰。"美因茨"号巡洋舰的玻璃全部被震碎,舰上

"林仙"号轻巡洋舰

起火，舰首开始徐徐下沉。

正在这时，英国第一批援军（一个轻巡洋舰中队）赶到。它们马上击沉了德军的"美因茨"号巡洋舰。

而一直等待救援的"林仙"号轻巡洋舰也马上获得了支援。贝蒂率领的5艘大型军舰，即"雄狮"号战列巡洋舰、"皇家公主"号战列巡洋舰、"玛丽王后"号战列巡洋舰、"无敌"号战列巡洋舰和"新西兰"号战列巡洋舰很快出现在海上，并马上加入了战斗。这支战列巡洋舰部队对德军进行了猛烈地炮轰。德国"阿里亚尼"号巡洋舰和"科隆"号轻巡洋舰很快被击沉。之后，贝蒂这支舰队马上掩护受到重创的英国驱逐舰编队撤退。

这次战役是英国海军进行的一次冒险行动，也是驱逐舰最后一次大规模的战斗。在这场战役中，英国驱逐舰多次击退了德国的轻巡洋舰，并成功解救了"林仙"号轻巡洋舰，避免了它被俘或被击沉。

这次战役结束后，英国第3驱逐舰支队逐渐发展成了一支进攻主力。它的配置地点精确而巧妙，不仅可以拦截德国水面舰艇进行正面袭击，还能在北海南部进行进攻性巡逻活动。

★多佛尔海峡

多佛尔海峡又称加来海峡，位于英吉利海峡东部，介于英国和法国之间（东经1°30′，北纬51°0′），是连接北海与大西洋的重要通道。多佛尔海峡长 30~40 公里，最窄处仅 28.8 公里，大部分水深 24~50 米，最深 64 米。

作为国际航运的交通要道，西北欧 10 多个国家与世界各地之间的海上航线有许多从这里通过。再加上它是欧洲大陆与英伦三岛之间距离最短的地方，多佛尔海峡航运繁忙，每年通过的船就有 12 万艘以上，货运量达 6 亿多吨。

多佛尔海峡两岸还有四对渡口有火车轮渡，主要的港口有英国的多佛尔、法国的加来和敦刻尔克。

4. 能干的"多面手"

为了确保英吉利海峡航行的安全，英国守卫多佛尔的巡逻部队做出了惊人的努力。

巡逻部队的日常勤务十分繁杂，除了经常被第3分舰队暂时调派外，他们或者负责舰上锅炉的升汽，或者在港内保持着10分钟内即能起航的准备，或者在海上连续等17天。

在值勤期间，军官和水兵都必须留在舰上，而舰长在4个晚上里只能睡1个晚上，其余3个晚上都要值夜班。

返港后，巡逻部队的舰艇会进行为期3天的锅炉清洁工作。一般情况下，巡逻部队的舰艇每4个月就要进行为期3个星期的维修。

1915年1月，德国海军战列舰舰队向多格尔沙洲渔场的英国渔船发起进攻。这次战役中，德国负责进攻的舰队是希佩尔率领的"公海舰队"主力。这支主力部队有3艘战列巡洋舰、1艘装甲巡洋舰、2艘轻巡洋舰、1艘重巡洋舰和2艘驱逐舰。

1月24日，这支德国舰队向多格尔沙洲靠近，准备发动偷袭。由于英国舰队提前得到了情报，德军的行迹很快就暴露。英国皇家海军负责迎战的是5艘战列巡洋舰，旗舰是英国海军的最新装备——"雄狮"号战列巡洋舰。

虽然希佩尔的旗舰也是德国数一数二的巨舰，但是在装备上却略逊于"雄狮"号战列巡洋舰。面对强大的敌人，希佩尔依然下达了进攻的命令。

负责迎战的贝蒂利用英国军舰火炮口径和射程上的优势，命令"雄狮"号战列巡洋舰在20000米的距离上射击，企图远距离重创德军。德国"布吕歇尔"号重巡洋舰很快就被击中，舰艇上的舰员们伤亡惨重。

希佩尔不顾危险，直到逼近英国舰队15000米的时候，才命令"塞德利茨"号战列巡洋舰主炮开火。在"塞德利茨"号战列巡洋舰准确的齐射下，"雄狮"号战列巡洋舰的炮塔被穿甲弹穿透，炮手们伤亡惨重。这严重影响了"雄狮"号战列巡洋舰的火力。

"雄狮"号战列巡洋舰

不久，一枚德国炮弹再次击中"雄狮"号战列巡洋舰。"雄狮"号战列巡洋舰的水线下船体受到严重创伤，开始逐渐下沉。贝蒂改乘驱逐舰，并下令"雄狮"号战列巡洋舰退出战场。

随着双方的距离拉近，英国海军的射击越来越准确，德国军舰遭到重创。德国"布吕歇尔"重巡洋舰被一枚穿甲弹撕开水线下的船体，破口直径达2米左右。为了自保，"布吕歇尔"号重巡洋舰不得不逃离战场。而德国其他两艘战列巡洋舰也遭到了英军猛烈攻击，弹痕累累。希佩尔只好下令全线撤退。

海战自始至终全是大口径远程炮的天下，小口径炮和驱逐舰一直没派上用场。

多格尔沙洲海战后，德军总结出的教训是：防止炮塔起火爆炸是确保海战生存的关键。为了防止火灾的发生，他们把炮弹和发射药分开，分别装在两个薄钢筒内严加防护。而英方则得出了"大口径炮是胜利关键"的结论。他们继续让水手们把炮弹和发射药堆在一起，完全忽视了火灾的控制工作。

随着时代发展，驱逐舰多用功能越来越明显。在达达尼尔海战中，驱逐舰的多用性功能就突出地表现了出来。参加这次战役的是猎兔犬级驱逐舰和一些老式的江河级驱逐舰。由于弱小的土耳其海军布设了五个雷区，封锁了上游的狭窄海域，在达达尼尔海战中，驱逐舰基本没遇到鱼雷艇或者潜艇。

1915年2月19日，英国驱逐舰对土耳其进行炮轰，达达尼尔

第一章 "海上多面手"

"塞德利茨"号战列巡洋舰

海战正式打响。在这次战役中，英法联军发现，拖网渔船改装的扫雷舰由于海流过急难以扫雷。于是，海军有关部门决定将9艘猎兔犬级驱逐舰装上扫雷工具，作为扫雷艇使用。

虽然驱逐舰完全可以利用它们的高速和机动性进入扫雷地点扫雷，但却具有相当大的风险性。一艘驱逐舰在扫雷过程中不仅要通过扫雷索和另一艘驱逐舰牵连着，还要在弹雨包围中以12节的航速稳定前行。

首先遭到重创的是"獾"号驱逐舰——一发105毫米的炮弹击中了它的舰桥。右舷的机舱传令钟顿时被炸毁，舰长、舵手和见习舰员当场死亡。不久，另外两艘扫雷驱逐舰也被炮弹击中。用驱逐艇作为扫雷艇使用的方案宣告破产。

驱逐舰担负的另一个重要任务是两栖运输。当协约国远征军在加利波半岛登陆时，加巴泰佩的7艘驱逐舰不仅甲板上挤满了部队，后面还拖带着装满士兵的运输艇。驱逐舰这时候的任务是必须将这些部队送到海滩附近登陆。

但是，由于登陆部队大多在敌人的射程范围之内，所以，一旦遭到敌人反击，站在甲板上的部队就会伤亡惨重。因而，驱逐舰的另一个任务就是在运输过程中尽可能地保护甲板上的部队，力求把损失降到最低。

一旦部队登陆，驱逐舰还必须担负起最后一个重要任务——为刚登陆的部队提供火力支援，以保护他们顺利登陆。

在第一次世界大战中，驱逐舰还有一个最突出的贡献：充当反潜舰。在护航舰建成之前，只有驱逐舰具备在潜艇下潜之前击沉它的速度、装备和机动性。另外，驱逐舰还具备另一个优点——吃水浅。

为了让驱逐舰成功对潜艇造成重创，最有把握的方法是操纵军舰对准潜艇进行猛烈撞击。1914年10月，英国"巴杰尔"号驱逐舰就采用这种办法对德国"U-19"号潜艇进行了撞击。然而，这次撞击并没有成功击沉"U-19"号潜艇，这艘德国潜艇虽然受到严重的损坏，但成功逃脱。

一个月后，英国"加里"号驱逐舰成功击沉了"U-18"号潜艇。为了保护驱逐舰在撞击过程中完好无损，所有新的和正在建造的驱逐舰首部都装上了双层外板——驱逐舰的撞击能力大大加强。

但是，以这种冲撞方式来对付潜艇是具有一定局限性的。因为潜艇一旦下水，驱逐舰就会鞭长莫及。为了改善这种状况，专家对驱逐舰的扫海具进行了改装。改装的扫海具是用水面舰艇拖曳着一个长约61米的扫海环缆。当这个环缆通过潜艇潜伏的海域时，如果指示器的指针显示出有东西阻碍扫海具，那就会立即放射一排通过电力发射的炸弹。

这种炸弹的爆炸物是一种以杆的端头进行爆炸的炸弹，目的是以爆炸所产生的向下冲击力压坏潜艇的甲板。但是，如果潜艇距离驱逐舰较近时，这种炸弹就很难使用。

后来，人们发明了水听器（声呐）。它出现后，驱逐舰上就装上了这种可以发现潜于水下的潜艇的传感器。

但是，对于驱逐舰来说，对付潜艇最有效的武器还要数深水炸弹。深水炸弹可以预先设定在不同的深度进行爆炸。

如果没有驱逐舰进行护航，潜艇施放的鱼雷就会对整个舰队造成很大威胁。这时，驱逐舰的巡逻任务就显得尤为重要了。有时候，驱逐舰的全部任务就是巡逻。这种巡逻单调而疲惫。驱逐舰需要随同舰队全天候值勤，舰员们很快就会被弄得筋疲力尽，而舰体也容易因为频繁出行而遭到损坏。

驱逐舰在浓雾或黑夜高速航行时，由于没有灯光和雷达，经常会相互发生碰撞，并受到水雷的威胁。1914年至1918年之间，英国一共丧失了67艘驱逐舰，其中因为相互碰撞沉没的就有18艘，因为失事沉没的有12艘。

虽然英国海军进行了大量的反潜战，但到1915年，德国潜艇部队还是取得了大胜利。这些精锐的潜艇部队被称为"水下鲨鱼"——它们共击沉了259艘英国舰船。德军水雷战的收获也很突出——它们共击沉了48艘英国舰船。虽然德国的"公海舰队"再没有出现过，可是已经有总计90万吨的英国舰船遭到了损失。来自水下的威胁要比水面上的更可怕。

1916年，海洋上出乎预料的平静。德国笨拙的"齐柏林"式大

第一章 "海上多面手"

飞艇依旧在英国沿海各个港口和航道盘旋。双方海军都静静地蛰伏在港口，等待着新一轮海战的爆发。

为了摆脱英国主力舰队远程封锁给德国海军带来的困境，德军新上任的"公海舰队"司令官冯·舍尔决心打一场会战。而英方则想通过重创德国"公海舰队"使其撤走主力舰队，以便自己能全力对付德国潜艇。新一轮大规模海战一触即发。

为了诱敌深入，双方采取了同样的战术：派出一支诱敌舰队，佯败诱敌深入，在埋伏圈内把敌人的整支舰队一网打尽。

英方派出的诱敌舰队阵容十分强大。不仅有第1战列巡洋舰队、

用于防范潜艇威胁的海面设施

第 2 战列巡洋舰队，还有第 5 战列舰队作为支援。英国第 5 战列舰队由当时世界最大的快速战列舰——4 艘刚刚下水的伊丽莎白女王级战列舰组成。这种"海上巨霸"每艘都有 8 门 381 毫米大炮，能将 25000 米远的敌舰炸得粉碎。

德方的诱敌舰队是第 1 侦察舰队，该舰队全部是战列巡洋舰。这些战列巡洋舰都是德国海军的精华。

★驱逐舰对付潜艇的撒手锏——水下听音器

1906 年，英国刘易斯·尼克森发明了声呐。第一部声呐仪是一种被动式的聆听装置，主要用来侦测冰山。第一次世界大战时，这种技术被应用到战场上，用来侦测潜藏在水底的潜水艇。这些声呐只能被动听音，属于被动声呐，被叫作"水听器"。

1915 年，第一部用于侦测潜艇的主动式声呐设备诞生。1916 年，加拿大物理学家罗伯特·波义耳承揽了下一个属于英国发明研究协会的声呐项目。1917 年，他制作出了一个用于测试的原始型号主动声呐，该项目很快就划归 ASDIC（反潜 / 盟军潜艇侦测调查委员会）管辖。这种主动声呐被英国人称为"ASDIC"，为区别于 SONAR 的音译"声呐"，ASDIC 被翻译成了"潜艇探测器"。

1918 年，英国和美国都生产出了成品。1920 年，英国在皇家海军 HMS Antrim 号上测试了"ASDIC"声呐设备。1922 年，这种"ASDIC"声呐设备开始投产。1923 年，第 6 驱逐舰支队装备了拥有ASDIC的舰艇。1924年，在波特兰成立了一所反潜学校——皇家海军Ospery号（HMS Osprey），并且设立了一支有4艘装备了潜艇探测器的舰艇的训练舰队。1931年，美国研究出了类似的装置，称为SONAR（声呐）。

第二章
不断壮大的战舰队伍

★ 德国军舰的交叉火力击中了英国"不倦"号战列巡洋舰。一枚德国穿甲弹穿透炮塔装甲，在炮塔内爆炸，胡乱堆放的发射药被引燃。火势蔓延，大团黑烟从炮塔破口中冒出来。

★ 面对德国人的疯狂攻击，英国驱逐舰第4支队排出战斗队形，全力以赴迎战。

★ 一发炮弹击中"博沙"号驱逐舰，一根辅助蒸汽管道被切断，其速度开始下降。舰长雷德决定：与其等着被鱼雷击中，不如主动去撞击德国的鱼雷艇。

★ 在战斗中，驱逐舰排成队列朝着"敌人"战舰编队全速前进。如果能利用烟幕掩护规避敌方的鱼雷攻击高速航行，一切问题就迎刃而解。

1. 日德兰海战的配角

英国主力舰队和德国"公海舰队"之间的较量开始于1916年5月的日德兰海战。

从某种意义上说，日德兰海战是对驱逐舰战术理论的首次大检验。英德双方都拥有大量舰艇，英国有80艘驱逐舰和驱逐领舰，而德国有62艘鱼雷艇。

日德兰海战因为性质不同而划分为两个部分。第一部分是1916年5月31日发生的战斗，这次战斗中双方鱼雷舰艇进行了对抗；另一部分是发生在1916年5月31日至6月1日夜间的战斗，英国驱逐舰单独对战整个德国舰队。

1916年5月30日夜，英国诱敌舰队在贝蒂指挥下驶离苏格兰港口罗赛斯。第1战列巡洋舰队和第2战列巡洋舰队灭灯先行，第5战列舰队在距离它们5海里的地方静静尾随。约翰·杰利科率领主力舰队从苏格兰北方的奥克尼群岛斯卡帕弗洛海军基地出发，开往东南方向设伏。

德国诱敌舰队司令官希佩尔也从杰得河口基地出发，开往日德兰半岛西海岸。与此同时，舍尔率领"公海舰队"开往了设伏海域。

英国舰队刚出港，德国的巡逻潜艇就发现了它。德国潜艇指挥官马上发出了电报："做好准备，敌人已经出动！"但是，该电报被英国截获并破译。

5月31日14点15分，双方舰队相距不到100海里。紧接着，他们各自发现对方。

15点40分，英国第1战列巡洋舰队、第2战列巡洋舰队一起驶往东南上风方向，准备发起攻击。15点48分，双方距离不到16000米，都进入大炮射程，战争打响。

15点48分，德国"吕佐夫"号战列巡洋舰对英国"雄狮"号

U型潜艇狭小的内部空间

战列巡洋舰发起了进攻。几次齐射后，英国"雄狮"号战列巡洋舰的副炮塔被炸得粉碎。接着，德国"毛奇"号巡洋舰也加入了战斗。它发射的一发炮弹击中了"雄狮"号战列巡洋舰的前甲板。

16点整，德国"吕佐夫"号战列巡洋舰的一发德国穿甲弹钻透了"雄狮"号战列巡洋舰的Q炮塔，引起爆炸。塔内所有操炮官兵受伤严重。大火引燃了乱堆在炮塔内的发射药，熊熊大火包围了升弹机。一旦火势通过升弹机蔓延到弹药舱，便会引起大爆炸，那么26000吨重的英国旗舰连同舰队司令贝蒂都会葬身火海。

战争越来越激烈，16点03分，英国"不倦"号战列巡洋舰在与德国"冯·德·塔恩"号战列巡洋舰进行搏斗的时候，被"冯·德·塔恩"号战列巡洋舰的交叉火力击中。一枚德国穿甲弹穿透炮塔的装甲，在炮塔内爆炸。炸弹引燃了乱堆的发射药。30秒后，火势蔓延到炮弹舱，船体发生大爆炸。"不倦"号战列巡洋舰被摧毁，1015名英国皇家海军官兵随舰葬身海底。

在德军猛烈的火力进攻下，遭到重创的英国"雄狮"号战列巡洋舰不得不撤出战场。而它的对手之一德国"塞德利茨"号战列巡洋舰则调转炮口，对准英国"玛丽王后"号战列巡洋舰继续猛轰。正在与德国"德佛林格尔"号战列巡洋舰激战的"玛丽王后"号战列巡洋舰陷入了两面夹击的危险境地。

16点20分，"玛丽王后"号战列巡洋舰的Q炮塔被穿甲弹击穿。几分钟后，"德佛林格尔"号战列巡洋舰对"玛丽王后"号战列巡洋舰又进行了一次齐射。又过了 2 分钟,"塞德利茨"号战列巡洋舰打中了"玛丽王后"号战列巡洋舰的 Q 炮塔。那些炮弹穿过重重装甲,直到舱底才发生爆炸。"玛丽王后"号战列巡洋舰被炸得一分为二。在沉入海水那一瞬间,"玛丽王后"号战列巡洋舰发生了大爆炸,1275 名官兵葬身火海。

仅仅 1 个小时,英国皇家海军就受到如此重创:2 艘战列巡洋舰被击沉,1 艘战列舰被摧毁。

17 点左右,边退边打的德国侦察舰队突然转舵反扑。英国舰队被迫节节后退。战局对英国越来越不利。正在这时,英国第 5 战列舰队赶到了战场。德国海军驱逐舰马上对英国第 5 战列舰队进行了

中弹起火的"雄狮"号战列巡洋舰

攻击。

德国驱逐舰队逼近后，一连发射了12枚鱼雷。英国第5战列舰队在司令官埃文·托马斯指挥下全部避开。英国驱逐舰也向德军发射了鱼雷，但由于距离远、航迹清晰，那些鱼雷并没有对德军造成什么危害。

英国第5战列舰队加入战斗后，形势发生了逆转。面对英国第5战列舰队大口径炮的威胁，德军重新向东撤退。但德国"冯·德·塔恩"号战列巡洋舰很快被英国"巴勒姆"号战列舰一枚380毫米巨型炮弹击中。"冯·德·塔恩"号战列巡洋舰虽然没

英国"玛丽王后"号战列巡洋舰

有被击沉，但不得不退出战争。

德国"塞德利茨"号战列巡洋舰的一座炮塔被击穿起火。但是，由于德军的发射炮塔采取了严密分隔的措施，火势并没有大幅度蔓延。

在德军遭到英军猛烈反攻的时候，德军的救星"公海舰队"赶到了。德国"公海舰队"大多是无畏舰以前的战列舰和巡洋舰，大小共有70多艘，由舍尔直接指挥。

英国"南安普顿"号轻巡洋舰舰上的观测兵发现了德国"公海舰队"。贝蒂用无线电向杰利科报告："敌舰队在东南方。"为了把德军引入包围圈，贝蒂下令英国舰队全体进攻。

在德国"公海舰队"的密集炮火下，英国"巴勒姆"号战列舰和"马来亚"号战列舰都遭到了重创。"巴勒姆"号战列舰死伤63人，"马来亚"号战列舰有近百人伤亡。

面对惨重的伤亡，贝蒂一边下令撤退，一边通过无线电向主力舰队发起呼救。

杰利科收到贝蒂的呼救信号后，马上命令全舰队的航速从16节提高到20节。这支主力舰队的前锋是英国第3战列巡洋舰队。它在胡德指挥下高速航行，最先到达战场。

胡德率领的第3舰队未到射击距离就遭到10艘德国鱼雷艇的围攻，但所有鱼雷均被英国舰队躲开。当胡德找到贝蒂指挥的"雄狮"号战列巡洋舰后，主动把第3舰队的指挥权移交给了贝蒂。18

经典 百年海战大观 纳尔维克港"困兽犹斗"

炮击中的"巴勒姆"号战列舰

点15分，杰利科率领主力舰队也赶到了交战区。

杰利科发现德军"公海舰队"成线性纵列布阵后，决定采用"T"字头作战计划。舰队从敌舰队中央穿过从而切断敌人纵队，突破点选择在敌人的旗舰上——这样可以一举摧毁敌舰队指挥中枢。

命令下达后，英国舰队并成一条长长的横列逼近德国舰队。但是，德国驱逐舰冲近英国舰队，准备齐射鱼雷，导致英军的队形和战术企图被破坏。计划落空后，英军只好在远距离上和德国军舰互相炮战。18点45分，德国舰队边打边向南方撤退。负伤的德国"吕佐夫"号战列巡洋舰在猛烈的炮轰烟幕下，蹒跚着向西南开去。

英国第3战列巡洋舰队旗舰"无敌"号战列巡洋舰由于位置过于靠前，遭到德军猛烈的炮轰。"无敌"号战列巡洋舰被炸毁，胡德壮烈牺牲。另一艘英国"防御"号装甲巡洋舰也在密集的炮击中起火，并很快被摧毁。

德军在混战中也损失惨重。德国"威斯巴登"号轻巡洋舰燃起大火，仅10分钟就被英军击沉。"S-35"号等轻型舰艇也被英军相继击沉击毁。

19点，指挥旗舰"铁公爵"号战列舰的杰利科利用航速上的优势，从东南方向切入德国舰队和赫尔戈兰湾之间，截断了舍尔返回港口的航路，对他们形成了包围阵势。

黑夜降临之后，英国舰队为了防止夜间德国鱼雷艇发起突袭，

经典 百年海战大观 纳尔维克港"困兽犹斗"

英军"铁公爵"号战列舰

再次集合组成巡航队形。杰利科将他的驱逐舰安排在离主力舰队后方 5 海里处，一方面掩护英国大舰队对付敌舰的攻击，另一方面当敌舰南下返航时，驱逐舰还可寻找机会对德国军舰进行必要的攻击。但这些驱逐舰除了只知道自己离前面的战斗舰队 5 海里外，对于前方的敌情一无所知。

混战结束后，英军作战参谋才意识到这个严重的问题。在对敌情一无所知的情况下，5 海里外的驱逐舰根本无法辨识来者是敌是友。而一旦估计错误，就会造成灾难性的后果。

为了打破英国驱逐舰的防御网，德国"公海舰队"决定寻找一次夜间作战的机会。在做出此项决定前，希佩尔截获了英国驱逐舰跟杰利科舰队联络的信号，并看出了两艘英国战列巡洋舰之间调换了夜间查问时所用的口令和回令。于是，对英军进行夜间偷袭的命令很快发出了。

22 点 15 分，英国"卡斯特"号轻巡洋舰发现附近有几个模糊舰影。英军发送灯光识别信号时，连续出现了两个错误回令。英军慌忙打开探照灯。暴露了行迹的德国"汉堡"号轻巡洋舰和"埃尔平"号轻巡洋舰马上对英军进行了猛烈地炮击。英国"卡斯特"号轻巡洋舰仓皇进行回击。

英国"蒂佩雷里"号旗舰和它的第 4 支队发现"卡斯特"号轻巡洋舰的异常后，马上提高警惕。但是，当"蒂佩雷里"号旗舰向德舰查问信号时，却又错把对方当成了友舰。它很快遭受了德舰炮

日德兰海战时的德国"公海舰队"

火的致命打击。

此时，英国驱逐舰第4支队已经航行到了德国战列舰队的前方。与它作战的是比它大20倍的无畏级战列舰。为了避开被烧着的"蒂佩雷里"号旗舰，英国"喷火"号驱逐舰决定向右撤退，却误撞了一艘敌方的大舰船。

被撞到的德国大舰船马上对准"喷火"号驱逐舰进行了一连串的齐射。炮弹从"喷火"号驱逐舰顶上飞过，爆炸的气浪压垮了"喷火"号驱逐舰的舰桥，并毁坏了桅杆及前烟囱。由于猛烈的撞击，当"喷火"号驱逐舰完全退出时，它的舰首约有6米长的钢板和部分锚装置，被嵌入到了舰内的居住舱甲板里。与"喷火"号驱逐舰撞击的大船正是德国无畏级战列舰"拿骚"号战列舰。

由于遭到英国驱逐舰的鱼雷攻击，德国军舰并没有完全按照预定的航路航行——先头舰队一片混乱。德国"埃尔平"号轻巡洋舰为了躲避英军鱼雷的袭击，在混乱中与英国的一艘驱逐舰撞击，伤亡惨重。德国"罗斯托克"号轻巡洋舰也在混乱中被英军的一枚鱼雷击中。

面对德国舰队的突然袭击，英国驱逐舰第 4 支队虽然竭尽全力阻挡，但仍未能阻止住敌人。

6 月 1 日凌晨 3 点 30 分，德国舰队突破了英国舰队的封锁线，朝着杰得河口和威廉港驶去。

为了防御英军的海上袭击，德国海军在第一次世界大战开战前就在赫尔戈兰湾布下了大量水雷。在这片雷区里只有一条很窄的秘密水路可以顺利通行。

黎明前，德军找到了这条神秘水道。德国全体舰队越过水道，安全通过了雷区。在后穷追不舍的杰利科分析了前方的形势，下令返航。日德兰海战结束。

这次海战，德军击沉了英军 3 艘战列巡洋舰、3 艘轻型巡洋舰和 8 艘驱逐舰。而英军只击沉了德军 2 艘战列巡洋舰、4 艘轻型巡洋舰和 5 艘驱逐舰。但是，英国通过这次海战达到了继续封锁和围困德国"公海舰队"的目的，英国海军仍是真正的海上霸主。

★ 杰利科的遗憾

约翰·拉什沃思·杰利科（1859年12月5日—1935年11月20日），第一代杰利科伯爵，为英国海军做出了突出的贡献。杰利科是一个英国商船船长的儿子，13岁进入英国皇家海军，之后在地中海舰队"维多利亚"号上任舰长。1900年6月，他作为爱德华·西蒙率领的分舰队旗舰舰长，参加了第一次北京"解围"远征。1907年8月，杰利科晋升为海军少将，在大西洋舰队任职。

1914年第一次世界大战爆发，杰利科被任命为英国大舰队司令。在日德兰海战中，他在战术方面的决策遭到了英国国内的非议。1917年，杰利科由于反对在大西洋战役中采取首相劳合·乔治所推崇的战术而被解职。

2."勇于搏杀的小将"

日德兰海战表明,人们过高地估计了驱逐舰的作战能力。白天,双方的指挥官都命令战舰反复转向以避免被鱼雷击中,巡洋舰和战列舰的防御炮火能够成功地冲散驱逐舰的攻击。到夜间,驱逐舰也很难对付战列舰的协同防御。

通过日德兰海战,英国积累了很多宝贵的经验。例如,驱逐舰在大规模战斗中必须尽可能地掌握敌我双方舰艇的位置情报;驱逐舰支队不宜太大,大型支队作为一个行政管理单位可暂时保持不变,但在战术使用上必须重新划分。

1917年4月20日,多佛尔巡逻战爆发。它是一场最著名的驱逐舰对战鱼雷艇的战争。

4月20日夜间,正在多佛尔附近巡逻的英国"迅速"号驱逐舰和"布罗克"号驱逐舰突然听到了来自加来方向的炮声。它们马上意识到这可能是敌人进行的另一场袭击战,于是向加来方向驶去。

事实上,炮击加来的2艘德国大型鱼雷艇只是为了吸引英国巡逻舰艇的注意力。另有4艘鱼雷艇将在归队之前偷袭多佛尔。

在多佛尔以东大约7海里的海面上,"迅速"号驱逐舰和"布罗克"号驱逐舰发现了正从它们左前方迅速离开的6艘鱼雷艇。鱼雷艇马上向英国巡逻舰艇开火。两艘英国驱逐舰立即进行了还击。

"迅速"号驱逐舰马上冲向敌舰。当它经过德国鱼雷艇的尾部时，发射了一枚鱼雷。位于后面的"布罗克"号驱逐舰随后也发射了一枚鱼雷。德军"G-85"号鱼雷艇瞬间被炸得粉碎。"布罗克"号驱逐舰的伊文思舰长看到目标被消灭，马上改变航向去撞击后面的第二艘鱼雷艇。

"G-42"号鱼雷艇正在竭力逃跑，但"布罗克"号驱逐舰很快就追了上去。"布罗克"号驱逐舰的舰首撞裂了"G-42"号鱼雷艇的舷侧薄钢板，并撞穿了整个艇，被卡在了"G-42"号鱼雷艇的壳体里。

此时夜幕已降临，几名德国水兵趁机爬上了"布罗克"号驱逐舰，与艏楼的炮手们打了起来。看到"布罗克"号驱逐舰被夹住，另一艘德国鱼雷艇马上冲出来，向"布罗克"号驱逐舰发动了猛烈的进攻。"布罗克"号驱逐舰遭到重创。

"布罗克"号驱逐舰奋力脱离鱼雷艇后，被撞穿的"G-42"号鱼雷艇很快沉没。"布罗克"号驱逐舰刚想重返战场，一发炮弹就炸破了它的主蒸汽管道，锅炉立刻失去了给水。"布罗克"号驱逐舰被迫退出战斗。

另一艘驱逐舰"迅速"号驱逐舰也被猛烈的炮火所击伤，不能全速追击敌人，同样被迫退出了战场。

"布罗克"号的姊妹舰"博沙"号驱逐舰一年后在英吉利海峡的一次战斗中发生了与"布罗克"号几乎同样的冲撞事件。1918年3月20日晚上，英国"博沙"号驱逐舰和"莫里斯"号驱逐舰与法国的"卡皮泰恩·梅尔"号驱逐舰、"马冈"号驱逐舰及"布克莱厄"号驱逐舰一起停泊在敦克尔刻锚地。跟在多佛尔的正常值班一样，5艘驱逐舰用易解缆绳舰靠舰地停泊着。

3月21日3点45分，北方传来了炮击声，停泊的5艘驱逐舰马上意识到，这是德国在佛兰德的鱼雷艇正在炮击拉潘尼和敦克尔刻之间的英国左翼地面部队。

"博沙"号驱逐舰和它的伙伴们立即解开缆绳，朝着炮火的方向前进。为了提供夜间必需的照明，这些驱逐舰均配备了照明弹。

"布罗克"号驱逐舰

在照明弹的帮助下,"博沙"号驱逐舰的瞭望员很快发现了舰艇左前方的黑影。它马上向对方发出了识别信号,对方没能正确应答。"博沙"号驱逐舰马上转舵以便在600米距离内攻击这艘德国的鱼雷艇。

5艘驱逐舰上的全部火炮一齐开火,德国鱼雷舰迅速进行还击。"博沙"号驱逐舰被击中,一发炮弹切断了舰上一根辅助蒸汽管道,"博沙"号驱逐舰速度下降。舰长雷德做出决定,与其被鱼雷击中,不如就近撞击德国的第4艘鱼雷艇。

遭到"博沙"号驱逐舰冲撞的是一艘小型的德国"A-7"号鱼雷艇。在"博沙"号驱逐舰舰首巨大的冲击力作用下,"A-7"号鱼雷艇转眼间被切成了两半。"博沙"号驱逐舰掉转船头,试图进行第二次冲撞。当它撞向"A-19"号鱼雷艇时,一艘法国驱逐舰把"博沙"号驱逐舰误认为德国军舰,向它的左舷发射了一枚鱼雷。这枚鱼雷在"博沙"号装满煤的煤舱里爆炸。由于煤舱较好地起到了防护作用,驱逐舰才没有遭到灭顶之灾。"博沙"号驱逐舰被其他的驱逐舰拖了回去。被炮火击中的"A-19"号鱼雷艇很快沉没。这次小型的海战以驱逐舰最后的完胜结束。

随着战争不断升级,美国很快加入了战斗。协约国一方要求美国海军派遣驱逐舰参加战斗。1917年4月24日,美国大西洋舰队的6艘新型驱逐舰一同起锚,离开美国水域开赴欧洲。同时,日本为法国海军提供、建造驱逐舰,并且将他们的8艘驱逐舰派往地中海。

美国的新型驱逐舰由于从舰首至舰尾采用了平甲板，获得了较大的纵向强度，从而取代了常规的升高艏楼。美国第一批这样的试验舰共建造了6艘，舰上各类型的机械装置都进行了彻底的试验。最终，美国海军在多型驱逐舰当中挑选出了两种标准型驱逐舰——威克斯级驱逐舰和克莱姆森级驱逐舰。美国先建造了111艘威克斯级驱逐舰，随后又建造了162艘克莱姆森级驱逐舰。

1917年到1918年，总共有85艘美国驱逐舰在欧洲服役，其中包括6艘老式的班布里奇级驱逐舰——它们一直从菲律宾航行到直布罗陀，航程达10400多海里。

威克斯级驱逐舰

经典 百年海战大观 纳尔维克港"困兽犹斗"

燃烧中的"肖"号驱逐舰

虽然美国驱逐舰大部分的任务是负责进行日常巡逻和护航，但它们在战斗中的表现也是不容小觑的。

1917年11月，美国"范宁"号驱逐舰和"尼科尔森"号驱逐舰在南爱尔兰的昆斯敦附近海域击沉了德国"U-85"号潜艇。

一个月之后，美国"雅各布·琼斯"号驱逐舰在同样的海域与德国"U-53"号潜艇发生冲突。虽然"雅各布·琼斯"号驱逐舰被一枚鱼雷击中，但它成功逃脱了。

表现最突出的还要数"肖"号驱逐舰——它在为一艘携带有7000余名士兵的英国"阿奎坦艾"号定期航班船的护航中表现得十分英勇。当驱逐舰逐渐接近被护航的船只时，它的操舵装置突然失灵。这时，"肖"号驱逐舰的航向已对准了"阿奎坦艾"号定期航班船的船舷。"肖"号驱逐舰舰长威廉·格拉斯福德意识到：要么撞入航班船单薄的舷板里牺牲数千名官兵；要么改变航速做出自我牺牲。威廉·格拉斯福德选择了后者，他命令舰员进行了全速倒车。

虽然最终排水量45000吨的"阿奎坦艾"号航班船与这艘900吨的驱逐舰还是避免不了相撞，12人当场死亡，15人受伤。"肖"号驱逐舰漏泄出来的燃油燃起了大火。但是，由于威廉·格拉斯福德的果断决定，全体舰员进行灭火之后，舰上的机械装置再次运转起来。"肖"号驱逐舰在严重受损情况下，却奇迹般地没有沉没。经过修理，它继续被留在舰队服役。

这些事件都标志着驱逐舰已由一种专业化的小型舰艇迅速演变成了舰队重要的组成部分。在反潜和水雷战方面，驱逐舰成为最理想的兵力。驱逐舰成为各国海军舰队不可缺少的力量。

★希佩尔的冒险

弗兰茨·瑞特·冯·希佩尔，1863年9月13日出生于德国。1881年成为德意志帝国海军的一名候补军官。1884年，他接受军官任命，在北海的扫雷艇上任职，后在"霍亨索伦"号快艇上担任领航军官。1912年，他晋升为海军少将，并担任侦察分舰队指挥官。1912年到第一次世界大战爆发前，希佩尔一直领导着"公海舰队"

弗兰茨·瑞特·冯·希佩尔

的侦察分舰队。

第一次世界大战爆发后,希佩尔率领他的战列巡洋舰编队潜伏在危险的北海海域。他指挥部队对英国海岸实施了多次袭击行动,打死打伤了许多英国平民,被英国人称为"婴儿杀手"。

在日德兰海战中,希佩尔在英军重重包围下,指挥其舰队对英国舰队发起"死亡冲击",率领德国舰队成功脱离了战场。他因此被封为巴伐利亚王国的贵族。

3. 心照不宣的较量

1918年后，驱逐舰逐渐向大型化方向发展，吨位越来越大，所装备的武器也越来越强。

英国的V级驱逐舰为了能在恶劣的气候中以较高的速度航行，舰体设计得大而高，加上汽轮机采用了减速齿轮装置。舰上还装有高位火炮，其中第二座火炮和第三座火炮布置在前后甲板室的顶甲板上。火炮安装在这个位置上，大大降低了其遭受海浪袭击的可能性。

英国接下来制造的是W级驱逐舰。在日德兰夜战中，由于驱逐舰所能携带的鱼雷太少，命中敌舰的机会大大降低。为了弥补这一缺点，W级驱逐舰安装了两具三联装鱼雷发射管。为了增大驱逐舰的尺寸和在水线面上更高处安装火炮，另一种新型的装备高位火炮的驱逐舰诞生，它就是改进的W级，它装备了120毫米火炮，能发射近20公斤炮弹，火力大增。

如此强大的驱逐舰需要一种比V级驱逐舰更大的领舰来率领，这种驱逐领舰就是当时著名的斯科特级驱逐领舰和莎士比亚级驱逐领舰。它们的排水量超过2000吨，装有5座120毫米火炮和2具三联533毫米的鱼雷发射管。第一次世界大战后很长一段时期内，这种驱逐舰一直被认为是世界上最强大的驱逐舰。

意大利海军增大了他们驱逐舰的尺寸。他们的驱逐舰是根据排水量5000吨的轻巡洋舰按比例缩小而成。这些驱逐舰装有一座152毫米火炮,另外还有7座102毫米火炮,航速为35节。1921年至1922年,3艘莱昂级驱逐舰分别开工建造。这级驱逐舰有一个长艏楼,装有4座双联120毫米火炮和2具双联533毫米鱼雷发射管。

意大利海军最大的竞争对手是法国海军。1922年,法国议会批准了一个关于驱逐舰现代化的计划。他们非常注意意大利的大型驱

英国W级驱逐舰——"黑獾"号驱逐舰

逐舰发展情况。1923年，"恩塞格尼·加博尔德"号驱逐舰建造完成，但它仅是一艘900吨级的小驱逐舰，功率很小。

根据《凡尔赛和约》的规定，法国获得了8艘德国驱逐舰。其中最大的"S-113"号驱逐舰排水量2000吨，装有4座150毫米火炮。它的动力装置比"恩塞格尼·加博尔德"号驱逐舰的动力装置大一倍。其余几艘德国驱逐舰都是900吨级的。这些德国驱逐舰为法国设计新型的驱逐舰提供了大量帮助。法国根据这些德国驱逐舰，模仿设计了重叠配置的单管火炮和中心线布置的鱼雷发射管。很多较小的国家在建造驱逐舰上都应用了这些特点。

英国不断升级改进W级驱逐舰。1924年至1926年，英国共建造了两艘母型舰。之后，一个系列基本上相似的驱逐舰开始建造。这些驱逐舰以每年8艘的速度建成，每一组都有一艘领舰，每组都给予一个字母作为级别的代号。这些驱逐舰共有9个级，从A级到I级。它们是一种十分美观的双烟囱舰，舰上装有4座火炮，8具鱼雷发射管，航速在30节到31节之间。

英国海军部的建造政策是为了满足自己舰队的需要，因此没有过多地受外国设计的影响。由于需要建造大量的驱逐舰，对驱逐舰的质量要求就更加严格。在经费紧张的非常时期，英国皇家海军为了避免受到来自政治上的压力，要求通过最小的花费获得最多数量的驱逐舰。

在1917年至1922年之间，美国建造了数量庞大的"平甲板"

驱逐舰，因此不愿考虑建造新型驱逐舰。对于当时迅速发展的舰船设计事业来说，这种想法在一定程度上影响了美国驱逐舰的发展。

美国驱逐舰的机械装置效能十分低下，它们4台锅炉产生的功率与英国V级驱逐舰和W级驱逐舰3台锅炉产生的功率相同。由于每台锅炉要使用一个烟囱，而这就会占据一定的甲板空间。为了解决这个问题，设计者不得不将舰艇中部的102毫米火炮和鱼雷发射管布置到舰艇的两边。这种布置导致鱼雷武器在战斗中仅有半数能够发挥作用，大大地削弱了驱逐舰的战斗力。

虽然美国为了弥补这些缺陷，提供了许多方案，但是由于美国海军面临的财政问题较多，许多驱逐舰不是被封存搁置了起来，就是被部分拆卸，以为情况较好的驱逐舰提供备件。

在第一次世界大战中，日本海军获得长足发展，它侵略扩张的野心越来越强。从1918年德国海军消失之后，日本海军就一跃而起。

美国害怕日本与德国进行结盟，而日本则想通过扩张取得它工业发展所需的战略原料。《华盛顿海军条约》规定日本海军与美国及英国海军的吨位比例为3∶5∶5。这一条件限制了日本海军的发展。为了进一步提高自己的海军实力，日本决定在所规定的限额内充分改善每级战舰的质量。

1923年，日本制造了新的特型驱逐舰。这就是著名的吹雪级驱逐舰。这级驱逐舰舰体长度接近119米，排水量高达1750吨左右，采用齿轮传动式汽轮机，功率达 50000 轴马力，理论上的静水速度为 38 节。

吹雪级驱逐舰最先订购了 10 艘。经过一些改进后，第二批又订购了 10 艘。它们安装了 B 型 127 毫米火炮。这是一种具有 70°仰角的火炮，也是当时世界上第一种具有对海和对空两种射击功能的火炮。

这种超级驱逐舰的出现引起了各国海军的轰动。它高耸的烟囱、高大的舰桥上层建筑、庞大的火炮室，看上去比同时代的任何一种驱逐舰都要震撼人心。

1933 年，吹雪级驱逐舰经过进一步改进，原来的 90 型压缩空

日本的吹雪级驱逐舰

气鱼雷被93型"长矛"式鱼雷替代。"长矛"式大型鱼雷由液态氧来驱动——此种燃料可以产生更高的热效率，致使鱼雷有更大的续航力和更快的速度。

另一方面，驱逐舰常规的533毫米鱼雷在30～32节航速时，航程是8000～10000米，而"长矛"式1型鱼雷，它以36节速度可航行40000米；以42节可行驶30000米，即使以49节的高速也可运行22000米。

"长矛"式1型鱼雷的直径也增加到610毫米，雷头的重量也

日本93型"长矛"式重型鱼雷

增到 500 公斤，而同时代的美国和英国的鱼雷雷头只有 300～320 公斤。

"长矛"式鱼雷具有非常大的破坏力——一枚鱼雷就能成功击沉一艘巡洋舰。这些鱼雷使日本驱逐舰在作战中具有了巨大的攻击优势。

吹雪级驱逐舰还在甲板室里存储了 9 枚备用鱼雷。"长矛"式鱼雷的氧气泡还能轻易地在海水中溶解，使敌舰难以躲避鱼雷

美国波特级驱逐舰

攻击。

1935年，日本驱逐舰却遇到了灾难性打击。9月，日本驱逐舰第4舰队遇上了台风，几艘驱逐舰在台风袭击下，舰体结构遭到严重的破坏。特型驱逐舰尽管尺寸大，但还是没能幸免。"初雪"号驱逐舰失去了舰首。经过检验，人们发现这种大型驱逐舰由于舰桥、炮室和鱼雷管防盾的重量过大，造成了重心过高的危险情况。为此，日本人对驱逐舰进行了大量修改：减轻上层建筑；加强舰体并附加了压载；减少再次装填的鱼雷数量，由原来的9枚减少到6枚。经过调整，吹雪级驱逐舰的排水量增重250吨，最高速度下降到34节。

为了对付日本的吹雪级驱逐舰，1933年，美国海军订购了8艘波特级驱逐舰。这些驱逐舰是美国首次为满足驱逐舰中队领舰的需要而设计的，虽然它们的类别代号是DD（驱逐舰），但经常是列入DL（驱逐领舰）类使用。

波特级驱逐舰的排水量接近于日本吹雪级驱逐舰。后经美国设计者更切合实际的研究，波特级驱逐舰的排水量比日本驱逐舰的还要大。

波特级驱逐舰上首次使用了双联127毫米火炮，但这种早期型号的封闭式火炮装置没有足够的仰角用来对付飞机。波特级驱逐舰的防空火力由2座四联28毫米火炮来提供，一座装设于舯部第二座127毫米火炮的后面，它的炮管高于127毫米火炮室；另一座装设在后上层建筑上。重型三脚桅前后两座，让波特级驱逐舰有了一个漂亮的外观，这无疑是驱逐舰中最昂贵的奢侈品。

为了充分发挥这些重型127毫米火炮的作用，波特级驱逐舰还安装了两个射击指挥仪，一个在前部，另一个在后部。波特级驱逐舰的装备比其他任何国家在役的驱逐舰都要好，但是由于重型桅、第二个射击指挥仪的设置，严重加大了该驱逐舰的上部重量。

日本驱逐舰上的重型鱼雷发射管引起了美国的注意。美国在后面级别的驱逐舰中增加了鱼雷管的数量。美国马汉级驱逐舰上就装有3具四联533毫米鱼雷发射管，一座是在舰体中心线上，另外两座则被成对地装在了后面。美国海军认为，只有这样马汉级驱逐舰才能和装有9具鱼雷管的日本驱逐舰相对抗。

法国也着力提高驱逐舰的水平，法国人也制造了6艘比以前的驱逐舰更大更快的"反驱逐舰"的驱逐舰。这一新级别的驱逐舰为范塔斯奎人级。范塔斯奎人级驱逐舰创造了法国驱逐舰史上的一个奇迹。

范塔斯奎人级驱逐舰是在一个排水量为2610吨的舰体内装设了74000轴马力。从理论上来说，它的航速应该为37节。与其他驱逐舰相对比，范塔斯奎人级驱逐舰的武器装备十分薄弱，全舰仅有5座单管140毫米火炮和9具533毫米鱼雷管。

但是，当范塔斯奎人级驱逐舰进行试航时，它们的功率竟然比设计要求的提高了 27%～50%。在 8 小时的试验中，航速平均 40～42 节，1 小时试验可达 42 节到 45 节。这是一项惊人的高速纪录，这一纪录在以蒸汽为动力的舰船时代从未被打破过。

在《凡尔赛和约》的限制下，德国海军只允许建造小型的鱼雷艇，并留存一些旧舰。希特勒声明条约无效后，新型德国驱逐舰的建造很快在尺寸上超过了其他国家。

德国驱逐舰使用编号而无舰名，"Z-1"号驱逐舰到"Z-22"号驱逐舰的排水量均为 2200～2400 吨。它们的火炮装置类似法国的

《凡尔赛和约》签订现场

"反驱逐舰"的驱逐舰，但是德国采用的是 127 毫米火炮。德国驱逐舰的航速明显更有优势，但机械装置十分落后。德国驱逐舰使用的动力是高压蒸汽，在建造过程中遇到了众多问题。之后，德军废除了驱逐舰以 Z 字编号的方法，并采用第一次世界大战中负有盛誉的一些人名来命名。

第一次世界大战后，全球暂时处于和平状态，但驱逐舰的使命却从来没有停止过。驱逐舰每年都要和其他战舰一起进行战术训练。

20 世纪 30 年代，驱逐舰的"集群攻击"战术风行一时。在日德兰战斗中赢得战绩的一些精练驱逐舰队，在演练中排成队列朝着"敌人"战舰编队全速前进，它们利用烟幕掩护规避敌方鱼雷攻击，以高速航行与"敌人"战舰进行决斗。

当战争快来临时，每个海军国家都认为自己严重地缺乏驱逐舰。英国建造了 16 艘新驱逐舰，即当时著名的部族级驱逐舰。美国并没有卷入驱逐舰的竞争性生产，而是设计建造了令人注目的本森级驱逐舰。该级舰排水量 1840 吨，有 5 座 127 毫米火炮和 2 具五联的鱼雷发射管。

第二次世界大战爆发前夕，英国皇家海军拥有 79 艘老式驱逐舰（多数只能作为反潜护航之用）、113 艘新型驱逐舰，其中有 44 艘驱逐舰还在建造中。法国也有 78 艘驱逐舰，其中 32 艘是"反驱逐舰"的驱逐舰，另外 27 艘也是在建造中。

而德国海军拥有22艘驱逐舰、20艘鱼雷艇以及建造中的25艘大型驱逐舰和一些鱼雷艇。意大利海军有38艘老式驱逐舰和84艘新型舰艇。

★英国Ⅴ级驱逐舰

1916年4月，Ⅴ级驱逐舰是英国海军获得德国海军建造比老R级更优越的大型驱逐舰情报后投建的一种艏楼型、双烟囱驱逐舰。它全长大约95.1米，装有4座102毫米的Mk Ⅴ单装主炮，比老R级、老S级更大，武备更强。这种驱逐舰首尾中心线上高低梯次配置的布局，被认为是驱逐舰设计的革新。

为了防止高位炮射击爆风对低位炮炮手的影响，Ⅴ级驱逐舰所在的甲板室端部都装有外伸的一体化爆风防盾，这一设计一直保持到全封闭炮塔出现才消失。为对付德军"齐柏林"式飞艇和飞机这些新出现的空中威胁，Ⅴ级驱逐舰还在紧靠粗短的后烟囱后小平台上，装了1门原陆军用舰载化的76毫米高射炮。同时，Ⅴ级驱逐舰还在增高一层的舰桥顶部配置了光学测距仪，并把原先安放在此处的探照灯移到了两座鱼雷发射器之间的小平台上。这种布局成为后来英国驱逐舰的标准形态。1917—1918年，Ⅴ级驱逐舰共建成28艘。在第二次世界大战爆发时仍有18艘还在英国海军服役。

第三章
挪威战争风云突起

★ 残破不堪的"斯比伯爵"号袖珍战列舰上,兰斯多夫向聚在指挥舱的军官们下达了他一生中最艰难,也是最痛心的一个命令——自行凿沉。

★ 希特勒厉声对雷德尔说:"我们一定要拿下挪威,挪威的抗议简直软弱无力!"如果德国再不采取必要的行动,一旦英国登上挪威领土,一切都晚了。

★ 雷德尔担心他的运输舰队在行进途中会遭到英国海军袭击。但是,希特勒的答复是:"就算损失一半的海军力量,也必须征服挪威。"

★ 德国首批登陆舰队的运载工具居然是10艘驱逐舰!德国士兵全部挤在驱逐舰狭小的甲板上,就连弹药舱都塞满了人。

1. 血战南大西洋

第二次世界大战爆发之际，德国海军元帅雷德尔异常愤怒。

希特勒曾承诺，战争要在1944年才会爆发。而到那时，德国海军将拥有8艘大型战列舰、8艘袖珍战列舰、5艘重型巡洋舰、44艘轻型巡洋舰、2艘航空母舰和249艘潜艇。

雷德尔自信，凭借这支强大的海军力量，再加上日本海军和意大利海军的配合，完全可以打垮英国皇家海军。

可是，战争在1939年就爆发了。当时，在海军力量对比上，轴心国与同盟国吨位的对比高达1∶9。雷德尔手里只有3艘德意志级袖珍战列舰和57艘潜艇。他无可奈何地对下属邓尼茨说："德国舰队除了英勇作战，并光荣地沉没之外，不可能有别的作为。"

雷德尔决定不和英国海军进行直接对决，而与英国海军打游击——"巡洋战"。最初参加"巡洋战"的舰艇

雷德尔

第三章 挪威战争风云突起

"斯比伯爵"号袖珍战列舰上进行的阅兵仪式

有两艘，分别是"斯比伯爵"号袖珍战列舰和"德意志"号（1939年11月15日更名为"吕佐夫"号）袖珍战列舰。

战争爆发前一个星期，这两艘袖珍战列舰就从德国威廉港起航，秘密地驶入大西洋。因为此时战争尚未爆发，英国并未对德国海岸进行有效封锁。当9月1日战争爆发的时候，这两艘袖珍战列舰已经安全穿过最危险的北海，驶入了大西洋。

到达大西洋后，这两艘袖珍战列舰就按照预先计划，分头行动。"德意志"号袖珍战列舰在通过丹麦海峡后，转身向北，隐藏在北极圈内的格陵兰岛附近。而"斯比伯爵"号袖珍战列舰则掉头往南，朝南极方向行驶。

"斯比伯爵"号袖珍战列舰出海前进行了一系列伪装。它悬挂的是英国国旗，并用帆布罩上了舰上的炮管，远远望去就好像一艘英国商船。"斯比伯爵"号袖珍战列舰舰长汉斯·兰斯多夫把军舰隐藏在靠近南极圈附近的海面，等待出击时机。

9月下旬，兰斯多夫才把军舰驶向巴西附近的海域，进行猎捕活动。9月30日，"斯比伯爵"号袖珍战列舰击沉了一艘5000吨的英国"克莱门特"号商船。兰斯多夫取得战果后，迅速撤离战场。在此后一个半月时间里，"斯比伯爵"号袖珍战列舰先后摧毁了4艘英国商船，每次成功之后就迅速撤离，消失得无影无踪。

与此同时，德国人的U型潜艇也伺机打击英国商船。9月14日，英国"皇家方舟"号航空母舰在4艘驱逐舰护航下，正在西部沿海地区巡逻。突然,德国的"U-39"号潜艇一次齐射了4枚鱼雷。英国驱逐舰的水声设备捕获到了"U-39"号潜艇的回声,马上朝德国的"U-39"号潜艇猛扑过去。经过短暂的战斗,"U-39"号潜艇被摧毁。3天后,由于驱逐舰没能发现德国潜艇的攻击,英国"勇敢"号航空母舰被"U-29"号潜艇击沉。

12月6日,德国"罕斯洛戴"号驱逐舰、"埃里奇·吉斯"号驱逐舰和"伯恩德·冯·阿尼图"号巡洋舰前往英国东海岸布雷。"伯恩德·冯·阿尼图"号巡洋舰由于锅炉管道破裂,先行返回基地。另外两艘驱逐舰在克罗麦附近成功地布放了76枚触发水雷和磁性水雷。

英国"勇敢"号航空母舰沉没瞬间

百年海战大观 纳尔维克港"困兽犹斗"

1939年10月到1940年2月，德国驱逐舰共执行了11次作战任务，共击毁33艘商船，累计82700吨。

为了防止德国驱逐舰打击商船，英国首相丘吉尔抽调了3艘航空母舰以及其他28艘大型军舰组成了9个搜索群，在大西洋海域进行了拉网式搜索。它们的目标只有一个，就是摧毁德国的"斯比伯爵"号袖珍战列舰，给德国一个教训。

在兰斯多夫再次击沉一艘重量级的英国商船后，一个不祥的电报传来：英国海军部电报证实，"斯比伯爵"号袖珍战列舰已暴露，南大西洋各舰队将"紧密配合"，力求击毁"斯比伯爵"号袖珍战列舰。

12月3日，兰斯多夫决定驶向西南方向南美洲乌拉圭的普拉塔河口，穿过麦哲伦海峡，去太平洋避避风头。可是，3艘巡洋舰——英国"阿贾克斯"号轻巡洋舰和"埃克塞特"号重巡洋舰，新西兰"阿基里斯"号轻巡洋舰以及几艘驱逐舰正静静等待在普拉塔河口外。它们在亨利·哈伍德指挥下已经等了3个月。

13日凌晨，哈伍德麾下的舰队严阵以待。虽然"斯比伯爵"号袖珍战列舰依旧悬挂着法国旗帜，但很快被英军识破。兰斯多夫不顾身处中立国乌拉圭就主动出击，结果遭到了英国舰队围攻。但是，"斯比伯爵"号袖珍战列舰杀出了重围。它停靠在港口的一个修理厂里，寻求乌拉圭政府保护。

英德军舰在乌拉圭大打出手，两国外交官也展开了激烈地辩

第三章 挪威战争风云突起

激战中受损的"斯比伯爵"号袖珍战列舰

论。德国驻乌拉圭大使指出：战舰必须在港口修好后，才能恢复航海性能，因此要花费一些时间，才能出海作战。英国代表则提出抗议，他们提醒乌拉圭政府，按照国际法规定：交战国的战舰只能在中立国港口停留24小时。德方代表根据伦敦宣言第14条做出反驳：军舰受损和坏天气两种情况下，可以不应战。但是，英法代表则坚持说"斯比伯爵"号袖珍战列舰只是受了点小伤，完全可以出海。

为了解决这个难题，乌拉圭政府成立了一个调查小组，亲自调查德国军舰的伤势。调查结果显示："斯比伯爵"号袖珍战列舰确实不能马上出海，但只能给3天的修理时间。3天之后，如果再不离开就要扣押该舰，到战争结束再予以归还。

绝望的兰斯多夫只好硬着头皮，给德国海军总部拍了一封电报征求意见。这是一封近乎绝望的求救信。

这封求救信在德国海军总部引起了轩然大波。雷德尔曾经下令，不到万不得已，不得与英国海军硬拼。现在"斯比伯爵"号袖珍战列舰却被封锁在中立国的港口里。

1939年12月16日早晨，在雷德尔主持下，德国海军的首脑们聚集在一起，就"斯比伯爵"号袖珍战列舰事件商量对策。

经过激烈讨论，德国海军参谋部最终决定授予兰斯多夫全权处理。因为兰斯多夫作为现场指挥官，比任何人都要了解当时的情况。

13点，雷德尔向希特勒汇报："军舰被乌拉圭政府扣留绝不可行！一旦'斯比伯爵'号袖珍战列舰被扣留，这个'中立'政府肯定会把德国袖珍战列舰上的秘密武器转交给英国政府。特别是'斯比伯爵'号袖珍战列舰战斗桅楼的技术一定不能泄露。如果突围无望，那么自沉战舰，破坏舰艇上一切设备，是最好的选择。"希特勒同意雷德尔的看法，但他更希望"斯比伯爵"号袖珍战列舰能够突围。

乌拉圭政府已经下达了最后通牒：17日18点，"斯比伯爵"号袖珍战列舰必须起航，不能再待在港内，修理工作也没必要再进行下去了。

兰斯多夫的葬礼

17日15点,"斯比伯爵"号袖珍战列舰舰长兰斯多夫向那些齐聚在指挥舱的军官下达了他一生中最艰难、也是最痛心的一个决定:自行凿沉"斯比伯爵"号袖珍战列舰!他不愿意让1000多名士兵,为了一个毫无希望的突围白白牺牲。在妥善处理完一切事情后,兰斯多夫用一支左轮手枪,结束了自己的生命。

兰斯多夫的遗体最终被运回柏林,成千上万的柏林市民参加了他的葬礼。他高尚的骑士风度受到了人们的尊重。

★ "斯比伯爵"号袖珍战列舰的传奇

尽管在战争中"斯比伯爵"号袖珍战列舰对英法等国造成的物

"斯比伯爵"号袖珍战列舰

质损失并不算太大，但它成功地吸引大量英国军舰和辅助舰只的注意力长达3个月之久。如果这些英国军舰和辅助舰只用于其他海域作战，可能会取得更好的战果。

虽然德国最高当局及国防军司令部多次批评兰斯多夫舰长的无纪律行动，但是兰斯多夫受到了世人的称誉。英国首相丘吉尔在他关于第二次世界大战的著作中这样描绘兰斯多夫的行为："'斯比伯爵'号袖珍战列舰指挥勇猛果敢，战术神出鬼没。"该舰的事迹后来被包括英国在内的史学界认为具有"战时精神"，这也为这艘袖珍战列舰赋予了更为传奇的色彩。

2. 挪威成必争之地

"斯比伯爵"号袖珍战列舰虽然沉没了，但又出现了另一个问题。在普拉塔河口海战的时候，"斯比伯爵"号袖珍战列舰的"阿尔特马克"号补给舰成功逃脱。它一直隐匿在南大西洋，等待着与它的母舰会合。

12月17日，"斯比伯爵"号袖珍战列舰被迫自沉的消息传来。它自沉前最后一封密码电报，就是命令"阿尔特马克"号补给舰返航回国。

"阿尔特马克"号补给舰的舰长在南大西洋最偏僻的海域静待了两个月。当他认为进行搜捕的英国军舰都撤走了，才小心翼翼地沿着南美洲海岸向北行驶，并一直保持无线电静默。

"阿尔特马克"号补给舰已经悄悄地沿着北美洲海岸转向冰岛，进入了挪威领海。1940年2月10日，到达挪威领海后"阿尔特马克"号补给舰舰长亨利奇·道打开无线电，兴奋地向德国海军部发出电报：已进入中立国挪威领海，数天之内就能回国。

按照《海牙公约》规定：非军用船只，有权经过中立国水域，并接受中立国的庇护。"阿尔特马克"号补给舰作为一艘升着德国商船旗帜的辅助舰，可以得到中立法的保护。现在，它只需要沿着挪威海域一路行驶，不需要进入公海，就能回国了。

2月14日，一架英国的水上侦察机发现了"阿尔特马克"号补给舰。就在前一天，德国已经获得了挪威海关的通行证。几名挪威海军士兵登上了"阿尔特马克"号补给舰，对它进行了例行检查，虽然查到了300多名的英国俘虏，但是为了不得罪德国，挪威政府还是给他们签发了通行证。

2月16日，一支英国驱逐舰队在侦察机的指引之下，找到了这艘德国船。它们沿着挪威领海与"阿尔特马克"号补给舰并驾而行，并发出信号要求"阿尔特马克"号补给舰立即停船，接受检查。"阿尔特马克"号补给舰立刻逃入约星峡湾，并发出电报，要求挪威海军前来支援。

"阿尔特马克"号补给舰逃进海湾后不久，两艘英国驱逐舰就向它围拢，并准备强行登船。闻讯赶来的挪威海军对英国人侵犯其领海的行为表示了强烈的抗议。两艘挪威鱼雷艇更是横在海湾口，想阻止英国舰队的行动。他们甚至向英国人保证：德国船上绝对没有英国俘虏。

就在僵持的时候，英国人收到了丘吉尔亲自发来的电报：

除非挪威的鱼雷艇负责护送"阿尔特马克"号补给舰前往博尔根，舰上有英国和挪威双方卫队驻守，并由双方共同护航，否则你们应该派兵登上"阿尔特马克"号补给舰，释放俘虏，并将该舰占领，听候进一步的训令，再行发落。假使挪威鱼雷艇进行干涉，你

经典 百年海战大观 纳尔维克港"困兽犹斗"

挪威的鱼雷艇

们应立刻警告该艇马上离开。如果挪威鱼雷艇向你们开火,你们必须自卫,但所用火力切勿超过必要的限度。如果对方停止炮火,我方也应停止。

在丘吉尔的指令下,英国军舰当夜就把舰上的探照灯全部打开,直射挪威鱼雷艇,并强行越过了挪威舰艇的封锁线。在英国军舰将要接近"阿尔特马克"号补给舰的时候,德国船员做出了一个惊人的举动——他们开足马力,全速向英国军舰驶来,企图撞击英国驱逐舰。

不幸的是"阿尔特马克"号补给舰撞上了浮冰,停在海上,不能动弹了。

在两舰艇相靠以后,德国人仍试图阻止英国检查人员登船,并发生了冲突,结果4名德国船员当场被打死。挪威海军也没办法干涉,因为挪威的鱼雷艇根本不是英国驱逐舰的对手。他们所能做的只是两边劝导。最终,英国军舰救走了299名俘虏。

挪威政府对此表达了"强烈的抗议"。德国海军参谋部在日志末尾写道:"从英国海军部的命令及英国海军的行动步骤上可以看出,英国对'阿尔特马克'号补给舰的军事行动是精心策划的,或者说为解救船上的俘虏,必要时他们不惜侵犯挪威水域。"

希特勒在获知消息后,厉声对雷德尔说:"我们一定要拿下挪威,挪威的抗议简直软弱无力!如果德国再不采取必要的行动,等到英国登上挪威领土,一切都晚了。"

这个时候,后勤部的官员们拿出了一份关于瑞典铁矿石重要性的报告。他们告诉希特勒:德国工业每年消耗铁矿石的数量高达1500万吨,其中有1100万吨来自于瑞典。这些后勤部门的专家们声称,假如英国控制了北欧诸国,那么5个月后,德国的军工产业将濒临崩溃,别说是生产坦克,就算是螺丝钉也无法制造出来。

这绝对不是危言耸听。

事实上,这一切都在丘吉尔的预料中。瑞典铁矿石是德国工业的命脉。这些铁矿石需要从挪威西海岸港口进行运输,并通过挪威领海运输抵达德国。要是不采取措施控制德国的海上运输,在中立

经典 百年海战大观 纳尔维克港"困兽犹斗"

德国"阿尔特马克"号补给舰

国保护下，德国就可以进行自由的贸易。如果是这样的话，对于英国来说，意味着绝对制海权的丧失。

1月20日，在一次广播讲话中，丘吉尔呼吁："中立国基于对国际联盟公约的义务，应该自动与英法合作以对抗侵略。"比利时、荷兰、挪威、丹麦、瑞典、瑞士等国的媒体对此哗然不已，世界各国对英国政府很反感。出于压力和尴尬，英国政府对外表示，那言论与英国政府无关，仅代表丘吉尔个人的意见。

丘吉尔的态度很明确，对他而言，"胜利"是最终目的，一切法律约束在"胜利"面前，简直不值一提，没有人会追究胜利者的责任。

有这样想法的人，除了丘吉尔之外，还有希特勒。

丘吉尔提出了两项可以置敌于死地的建议：控制瑞典的铁矿石和罗马尼亚的石油，禁止向德国出口。没有铁矿石，就造不出飞机、坦克；没有石油，即使造出来飞机和坦克，也开不动。丘吉尔的意思是：我们正在英勇地抗击德国对西欧的扩张，打的是一场正义的战争。作为中立国，应当保持中立，不应该支持交战各国中的任何一方，可以为交战国提供通信设施，但不得提供军用物资，如果提供了军用物资，这是违背《海牙公约》的相关规定。你们中立国想通过战争，大发战争横财，这是可耻的。他点名批评的就是挪威、瑞典两国。他希望外交部来一些"强烈的手腕"，来阻止这些中立国对德国的帮助。

在作为中立国的北欧人看来，德国是他们外贸上的大客户，如果卖给德军军用物资的话，国民就可以更好地生活。于是，那些中立国联合起来抗议丘吉尔，搞得丘吉尔狼狈不堪。

虽然德国人有着极高的办事效率，但有时也会做乌龙事。有一次，在布雷时，德国空军将自己的驱逐舰误当成敌军的驱逐舰。

1940年2月22日，德国一支队正在向北海方向行驶时，突然遭遇敌机空袭。一枚炸弹击中了"莱伯埃克特·马斯"号驱逐舰引起第二次爆炸，该舰被炸成两截。该支队的其余舰只立即向"莱伯埃克特·马斯"号驱逐舰靠拢，试图将幸存者营救出来。

这时，一艘神秘的潜艇被"西奥多·里德尔"号驱逐舰的水听器发现了。"西奥多·里德尔"驱逐舰用深水炸弹攻击潜艇，然而它将航向搞错了，以致深水炸弹的爆炸冲击波将自己的操舵装置损坏了。

此时，支队接到命令，进行分散，开始搜索潜艇。当舰队返回到"莱伯埃克特·马斯"号驱逐舰遇难地点时，"马克斯·舒尔茨"号驱逐舰又下落不明了。

后来，经过调查：第一次攻击是德国空军轰炸机干的。而那艘不可思议的潜艇再也没出现过。战后提供的线索表明英国在这里布有一个很大的雷区，德国人以为这是已扫过雷的航道。而大多数人认为，德国空军的炸弹将第一艘驱逐舰击中了，德国这个支队在一片混乱之中偏离了安全区，进入了英国布雷区。

最可悲的事情是，在"马克斯·舒尔茨"号驱逐舰去搭救同伴舰只时，不小心碰到了英军布置的水雷，结果也被击沉了。在这次事故中，有 578 名官兵丧生。

由于对海军和空军不是很了解，希特勒对海军元帅雷德尔和空军元帅戈林狠狠发了顿脾气后，又把尼古拉斯·冯·福肯霍斯特召到柏林。此刻，福肯霍斯特在西线率领一个步兵军正准备踏入法国。让他感到很莫名其妙的是，最高统帅希特勒却命令他迅速赶回柏林。

掠过海面的德国空军轰炸机群

福肯霍斯特在2月21日赶到了柏林，见了希特勒。希特勒很严肃地告诉他："我们已经知道英国人企图在挪威登陆。但是，我们要赶在他们前面行动，先发制人。"

最后，希特勒向福肯霍斯特强调占领挪威的重要性：必须确保经由纳尔维克的瑞典铁矿运输顺畅。作为海军的基地，用来对盟军北大西洋航运进行骚扰，挪威北方长海岸线是出动U型潜艇攻击英国北大西洋商船的极好地点。

福肯霍斯特是一个军人，军人以服从命令为天职，他爽快地答应了，于是率兵前往。临行前，希特勒趁热打铁，还要求福肯霍斯特尽快制订出一份详细的作战计划。

★尼古拉斯·冯·福肯霍斯特

1885年1月17日，福肯霍斯特在布雷斯劳出生，他毕业于军校，于1904年获得了少尉军衔。第一次世界大战期间，福肯霍斯特担任连长，做过各种参谋工作。1918年6月，他担任驻芬兰德国将军的作战参谋，后在西里西亚的边防部队服役，军衔升为少校。1930年起，福肯霍斯特在德累斯顿第4师参谋部任职，1933年进入国防部外国军队科，同年派往布拉格任武官，1937年被升为中将，1939年担任第21军团司令、步兵将军。

在与希特勒的会谈过程中，福肯霍斯特特别开心。他根本就没有想到希特勒会那么器重他，更让他没有料到的事情是，希特勒竟然亲口让他去制订作战计划。福肯霍斯特虽然曾在芬兰作战过,但他根本就没有去过挪威。他对挪威一无所知,连挪威的人口有多少,有哪些港口是重要的,有哪些城市都不清楚。但让他感到欣慰的是,他找到了一本挪威旅游指南。仅看了看这本旅游指南,福肯霍斯特就提出了作战方案。

3. "威悉河演习"计划

经过几天努力，福肯霍斯特终于完成了作战方案——他匆忙地写了一份粗糙的报告。后来，他回忆说："这也是没办法的事，事情来得太突然了。"

根据后来公布的有关资料看，德国统帅部高层关于挪威的作战计划更是一团糟。对于挪威的情况，作为最高统帅者的希特勒也不清楚。德国情报部门甚至连挪威有多少军队也不清楚。

福肯霍斯特递给希特勒作战方案后，在3月1日，希特勒同意了作战计划，还亲自将这个计划命名为"威悉河演习"。

希特勒认为，挪威战役必须先发制人，用最快的速度展开行动。但事实上，他仍在等待最好的时机。因为，这次作战所面临的风险很大，雷德尔提醒说："没有制海权而作如此企图，这种行动是违反一切海军作战原则的。"

雷德尔担心，他的运输舰队在行进途中会遭到英国海军袭击。而希特勒告诉雷德尔，要不惜一切代价占领挪威，即使是损失一半的海军力量。

为了更好地实施计划、避开英国海军的海上优势，雷德尔告诉希特勒，行动应该在一个糟糕的天气去实施。最理想的天气应该是疾风大浪，能见度极差的那种，因为在这样的天气，英国海军就不容易发现德国海军的行动。希特勒非常同意雷德尔的建议，告诉气象部门应该周密地勘察北海海面近期的天气情况。

就在希特勒为"威悉河演习"做最后准备工作的时候，出现了一段有意思的小插曲。虽然就当时而言是件小事，但是，对于德国的整个战略高层而言影响深远。

事情的起因正是与此次行动有关："威悉河演习"作战计划的整个准备过程几乎全是希特勒一手包办，陆军、空军的总司令根本就不知道此事。

德国潜艇艇员观察海面情况

当福肯霍斯特跑去找陆军总司令勃劳希契要5个师的作战部队，尤其是山地作战部队来执行任务的时候，对方感到很吃惊——对于希特勒这么重大的军事行动，他根本就不知道。让他很纳闷的是，希特勒为什么没有事先告诉他呢？

之所以希特勒没有将这一重大军事行动通知勃劳希契，是由于以前在制订入侵法国的作战计划时，陆军参谋部给了希特勒很大的阻力。勃劳希契是一个处事特别谨慎的人，像入侵挪威这样大胆的行动，勃劳希契肯定要反复验证和思考，结果可能贻误战机。因此，为了占领挪威，希特勒干脆绕开陆军直接采取了军事行动。

除了勃劳希契外，空军元帅戈林也是在事后才知道这次军事行动的。他甚至跑到希特勒面前询问这次军事行动为什么自己没接到通知。

在3月5日，希特勒召集三军首脑到总理府开会。希特勒将大家召集起来开会的目的，不是要解释秘密拟定作战计划的原因，而是要跟大家商量下，如何让这场纠纷平息——入侵挪威计划仓促制订，希特勒完全绕开陆军、空军统帅部，私自下达作战命令引发了各路不满。在德国军界，希特勒可谓是一个很不好的先行者。事实上，在"威悉河演习"之前，希特勒还不太喜欢管军事事务，那时陆军统帅部、海军统帅部以及空军统帅部基本是各自为政，互不干涉。

在"威悉河演习"之后，希特勒亲自下令组建与领导了德国最高统帅部——他的势力开始凌驾于三军之上。最高统帅部刚刚成立不久，实际并没有能力参与组织战役。像波兰战役，陆军总司令勃劳希契元帅和他的陆军统帅部对此战役全部负责，希特勒所领导的"最高统帅部"极少干预。

这个没有多少权力的最高统帅部，有两个主任参谋，一个是只会点头哈腰的凯特尔，一个性情孤僻的约德尔。

凯特尔特别崇拜希特勒。他认为，希特勒是有史以来最伟大的指挥官。同时，他的同僚们还给他取了一个雅号叫"点头驴"——他对希特勒言听计从。

约德尔是一个雄心勃勃但沉默寡言、性情孤僻的人。在最高统帅部里，他是第一个有胆量和希特勒顶撞的人。即使和他共事多年的同僚，对他的性格也无法做出确切的评价。

事实上，希特勒是最高统帅部的掌控者。尽管约德尔很有胆略，谋略过人，但他的权力非常有限，没有希特勒的指令，他对三军无法下达任何命令。因此，最高统帅部只是希特勒的私人机构。

希特勒不太懂得海战，因此他尽量少插手有关海军的作战事务。在通常情况下，希特勒会直接找雷德尔了解情况。

对于空军，希特勒也采取了同样的方式。空军主帅戈林是纳粹党老党员，和希特勒的关系很特殊。事实上，在很早以前，希特勒就看出戈林是没有什么军事能力、喜欢夸夸其谈的人，但是在战争初期，希特勒还是很盲目地信任戈林。甚至到了战争后期，希特勒对戈林的能力完全失望的时候，他还是很喜欢他这个老战友。每次参谋部的会议结束后，敌机来袭的警报响起时，希特勒总要打电话到戈林的别墅，询问他是否安然无恙。

由于对空军也不太了解，希特勒同样很少插手空军的军事事务。因此他只能插手陆军的军事事务了。希特勒出身卑微，依靠自学起家。虽然缺乏军事学院的专业知识，但他总认为自己是一个很了不起的天才。在他看来，任何胆敢反对他的人，都是在阻挡他实现上帝赋予他的伟大使命。而陆军总司令——勃劳希契正是阻挡他的人。

事实上，陆军总司令勃劳希契是一个性情温和的人，但是希特勒看他不顺眼已经很久。希特勒很反感勃劳希契在制订入侵法兰西计划时那种畏首畏尾的态度。为了架空陆军统帅部在战争方面的权力，希特勒决定自己干。他认为："陆军总司令，没有什么了不起，指挥作战这样的小事，人人都会。"

就当时的形势而言，希特勒的夺权行为并不会造成很大的后果。但就长远来看，恶果极大。值得注意的是，德国陆军统帅部从抵抗拿破仑战争的反法联盟开始，就是德国战略的神经中枢，负责对战争各方面的研究，是国家战略的制定者，也是实施者，拥有相当大的控制权。这个机构网罗了整个德国军事领域最优秀、最顶尖的人才，是最优秀的人才集结的产物，它是集作战、外交、后勤、

勃劳希契

谍报于一身的庞大组织。任何作战计划的制订，都要经过精密地分析以及讨论，才会付诸行动。勃劳希契正是这一机构的继任者。这里曾经产生过克劳塞维茨、老毛奇、施里芬、鲁登道夫等伟大军事家。在战争爆发后不久，希特勒这个自命不凡的独裁者竟然将这个精英机构踢开了。从此，德国最高统帅部变成了希特勒说了算的垄断机构，任何作战计划都出自于希特勒那"聪明"的大脑。陆军统帅部没有任何实权——他们仅仅是给希特勒服务的。

让陆军统帅们更难以忍受的是，希特勒越级指挥。甚至在有些作战指令的传达上，下面的军队往往得到互相矛盾的作战命令：一个是最高统帅部下达的，一个是陆军统帅部下达的。

到了战争后期，这种相互矛盾的作战命令出现的频次越来越高——希特勒甚至亲自打电话到营级单位去指挥调度。这场"威悉河演习"是希特勒军事独裁的起始点。

德国高级将领对希特勒"威悉河演习"的越权行为虽然不满，但没有追究——这大大地纵容了希特勒实施军事独裁的野心。希特勒越来越放肆，陆军统帅部大量的高级人才被希特勒当作传令兵——这直接导致了德军的整体作战素质降低。

1940年4月2日，希特勒同戈林、雷德尔和福肯霍斯特就"威悉河演习"计划的实施举行了最后一次会议。

希特勒继续无视陆军总司令勃劳希契的存在——他排斥勃劳希契，并没有让他参加这次会议。但是，希特勒给戈林很大的面子，他将原作战计划稍作修改，让空军参加到作战中，并且扮演了重要的角色，对戈林提议用空降部队占领机场的计划表示同意。

德军有6个师参加"威悉河演习"计划，其中包括德军第163步兵师、第69步兵师、第169步兵师、第181步兵师、第214步兵师、第3山地师。这些部队都归福肯霍斯特指挥。希特勒特别强调战役发起的突然性。他指出："尽管敌人握有制海权，但如能充分发挥突然性，我军是可以进入挪威的。认清这次战役的重要性，海军实力虽损失大半亦不应吝惜。"为了实现突然袭击，希特勒要求：隐蔽展开兵力，采取伪装措施，除战役总指挥福肯霍斯特外，各级

德国步兵师在山地作战中

指挥员应当尽量晚一点知道自己的作战任务,以防泄密。

会议结束时,希特勒发布了一道正式指令,并且将在4月9日正式启动"威悉河演习"计划。总的指导方针要求"威悉河演习"计划分两个阶段进行。

第一阶段,攻击(登陆)部队应采取突然和混淆敌人判断的方式,通过海上和空降行动,夺取最具战略价值的目标,比如奥斯陆、特隆赫姆、博尔根、纳尔维克、克里斯蒂安、阿伦达尔、安戈森德和斯塔万格这些城市。

"威悉河演习"计划开始后,重巡洋舰"布吕歇尔"号首先遭到挪威岸防炮击

这8个城市都位于沿海地区，且都拥有德国海军的运兵船可以靠岸的港口。为了达到突然袭击的效果，德国海军舰艇将在夜幕降临时进入通向各港口的海湾，然后在黎明时分同时发起攻击。

第二阶段，对攻击部队进行补给增援，以保证其扩大登陆场，集结力量占领整个挪威。增援部队将通过海运在奥斯陆上岸，然后向内陆移动，以建立同各方向的攻击集群的联系。

事实上，德国海军统帅部对第一波攻击上岸的人员究竟以何种的方式打击敌方并不明确；登陆场的巩固是以海上打击为主，还是空中打击为主均不清楚。德军只明白应当首先同挪威中部和南部的抵抗力量取得联系，然后同遥远北方的纳尔维克的抵抗力量取得联系。

德军将领对"威悉河演习"计划所寄予的希望是不同的。雷德尔希望通过"威悉河演习"计划将挪威和平地拿下来。希特勒相信，德军可以在挪威人既没有信心也没有能力抵抗的情况下，顺利地占领挪威。希特勒认为，突然登陆和德国空军飞机遮天蔽日地在奥斯陆上空出现，这番恐怖景象将会对挪威人造成巨大的心理压力——他想通过这种方式准确无误地告诉挪威政府，任何抵抗都是没有意义的。

为了促使挪威接受和平占领的建议，德国代表将会在攻击发起前的最后时刻向挪威政府发出最后通牒。为了防范英国间谍，和部分地区（尤其是博尔根）英国移民可能有的抵触情绪的顾虑，

经典 百年海战大观 纳尔维克港"困兽犹斗"

"威悉河演习"计划中登陆的德军

德国海军统帅部强调,即使是和平占领,也要防范部分地区的抵抗行动。

如果挪威政府拒绝德国的要求的话,希特勒将授权第21集群,使用一切军事手段摧毁其抵抗力量和妨碍登陆的行为。

第一波登陆部队的主要任务是夺取8个战略城市,摧毁当地的抵抗力量,以及建立防线防止盟军可能的反攻。次要任务是占领上述城市的火车站和军械库,以阻挡挪威军队的有效机动。

希特勒想要利用如此小规模的登陆兵力将挪威兵力完全消灭,这个任务是不可能完成的。但是,如果能同时将奥斯陆、特隆赫姆、博尔根和克里斯蒂安这些城市占领的话,德国海军仍然有希望将5~6个挪威师歼灭。

★希特勒的最高指令

北欧局势的发展,要求做好占领挪威的一切准备。这一作战行动,可以防止英国对北欧诸国和波罗的海的侵犯。此外,它还可以保证我们在瑞典的铁矿基地,并为我们的海军和空军提供进攻英国的更为广阔的出发线……

从我们的军事、政治力量和北欧各国军事、政治力量的对比来看,使用"威悉河演习"的兵力,越少越好。我们可以通过大胆行动和出奇制胜的方式来弥补数量上的不足。

在原则上,我们应当竭力使这一行动像是一次和平占领。它的目的是以武力维护北欧各国中立。相应的要求将于占领之初递交给这些国家的政府。必要时将举行海军、空军示威，以便为这些要求提供必要的压力。如果示威不行，遇到抵抗，就用一切军事手段加以击溃……

最重要的是，应该用奇兵袭击……只有在从海上出发的时候，才能让部队知道实际的目标。

4. 希特勒剑指北欧

希特勒"威悉河演习"计划最主要威胁是挪威的地理位置和强大的英国海军。挪威的气候和地形使沿海或内陆狭窄山谷中几个海拔相对较低、气候宜人的地区成为主要人口聚居区和经济中心。这些地区大多数互相隔绝,仅通过海路和以奥斯陆为中心的铁路相连。"威悉河演习"计划设想在第一波攻击(第一阶段)中夺取尽可能多的人口和经济中心,稍后在它们之间建立联系(第二阶段)。由于兵力的限制,计划规定了6个主要城市(奥斯陆、特隆赫姆、博尔根、纳尔维克、克里斯蒂安和斯塔万格)以及2个次要城市(阿伦达尔和安戈森德)。

当然,还有两个地理因素会对行动的时机选择造成影响。

一是尽管挪威沿海的水域全年都不会结冰,但波罗的海的结冰期使得德国海军在3月底或4月初以前无法采取任何军事行动。

二是高纬度地区逐渐缩短的黑夜,迫使行动必须安排在4月15日以前,以保证海军有足够长的黑夜(8~10小时)。

尽管集结了所有可以使用的德国海军水面战斗舰艇和2/3的潜艇(28艘U型潜艇),英国海军仍然是"威悉河演习"计划能否成功的主要军事威胁。为了尽可能地将在英国海军炮口暴露的时间缩短，同时确保突然袭击的最佳效果，保证速度是运输部队和在最短时间内占领挪威全境的关键。为此雷德尔决定第一波海上登陆运输由战舰完成，而不使用速度较慢的运输船。

在德军忙碌的时候，英军也不是闲着的。英军入侵挪威的行动也在有条不紊地进行着。

2月5日，英法两国在巴黎召开最高战争会议，通过了两国合组"志愿军"援救芬兰的计划。英国首相张伯伦接受了丘吉尔的建议，特别强调在挪威登陆的重要性。该意见旋即被采纳，张伯伦决定这支部队在3月中旬向挪威挺进。也就是说，同盟国方面的行动，比希特勒计划在4月9日登陆整整早了半个多月，如果同盟军的计划实现了，那么希特勒的"威悉河演习"计划就宣告失败。因为，到那个时候，英国远征军早就将挪威占领了，自然而然地也就将港口控制了。就算德国拥有空军优势，对于整个战略大局而言也是于事无补。

这一次，上帝站在了希特勒这边。当那些整装待发的英国远征军都已经登上舰船准备出发的时候，3月13日，芬兰向苏联提出休战。经过4个月苦战，芬兰在苏联重兵压迫之下，再也坚持不下去了，决定割地求和。

芬兰是一个人口数量不足400万的小国。当时，芬兰的军队只有18万人，其中常备兵力只有3万人，后备军人10万——加上妇女辅助队等好不容易才凑出大约这个数字。这样弱小的部队是无法同苏军硬拼的。本来，斯大林认为，大概用半个月的时间就可以将芬兰占领。想不到，战事竟然持续了整整4个月。芬兰人也了解西方国家，明为援助芬兰，实为控制北欧诸国，阻断对德国铁矿石供应——单凭芬兰以及阳奉阴违的西方国家迟到的援助，想要战胜苏联，是不可能的事情。

1940年2月29日，芬兰同意谈判，并开始与苏联进行接触。到了3月13日，芬兰正式投降，将10%的国土割让给苏联。经过了4个月鏖战，苏联方面阵亡人数4.8万人，失踪人员却高达27万人。芬兰方面阵亡人数2.2万人。在第二次世界大战后，有不少的芬兰老兵经常夸口说："一名芬兰士兵倒下去，要换取10名苏联士兵的生命。"

苏联军队在这场战争中的糟糕表现，影响了德国军事考察团。他们对希特勒的详细报告，毫无疑问，在希特勒对苏联的作战思想方面产生了重要作用。

由于芬兰突然投降，同盟国丧失了行动理由。这让同盟国感到很尴尬。英国政府只好将已经出发的部队急忙召回，重新找一个登陆挪威的理由，并将登陆时间定为4月8日。由于德国港口离挪威本土较近的缘故，导致英军登陆时间实际晚于德军。也就是在这一天，第二次世界大战的格局发生了改变。

德国人有着很严格的保密纪律。就在希特勒的"威悉河演习"计划正式出炉，确定了入侵挪威的师团名单后，相关部队迅速地

经典 百年海战大观 纳尔维克港"困兽犹斗"

抵抗苏联军队的芬兰士兵

第三章 挪威战争风云突起

被安排登上了火车，他们在德国北部港口秘密集结时，仍然很少有人知道"威悉河演习"计划。当时，法国战役即将爆发，一线部队竟然被调走，很多德国将领想不明白怎么回事。他们打电话到处联系，想弄清楚事情的真相。刚开始，他们以为苏军从东面攻击过来了。不单单是德国将领大惑不解，登上火车的士兵也不知道自己何去何从，因为他们的师长也不知道怎么回事，他们能够获得的消息少之又少。

4月1日，德国陆军的集结工作基本完成。德国海军可以作战的船只在德国北部港口也集结完毕，整装待发。为了蒙蔽英国舰队的视线，德国海军决定采取以前欺骗英国海军的方式。德国海军部指示舰队按照"斯比伯爵"号袖珍战列舰出海时伪装的方式进行伪装——将德国的舰队伪装成英国的舰队，同时要求舰队必须背熟秘密命令中已为"进攻挪威时进行欺骗和伪装"所做的详细规定。

就在德国为入侵挪威做好了最后准备的紧要关头，同盟国也没闲着，他们在忙着开会。

在同盟国会议上，丘吉尔提议向莱茵河及其他德国河川空投水雷，并坚持应与挪威计划同时执行。法国强烈反对丘吉尔的提议。法国人认为，如果用水雷空投德国河川，肯定会遭到德国空军报复，如果德国空袭法国没有防空设备的军工厂，那么将会导致大量无辜的工人死亡。

英国和法国在会议上持续争执了3天。法国人强烈指责丘吉尔自私，只为本国利益，而不考虑同盟国盟友的利益。法国人的态度很强硬。无奈，丘吉尔只好放弃自己的计划。

无可奈何的丘吉尔因为出兵数量的问题继续跟法国人进行争议。这使得同盟国的行动又推迟了3天。此时，忙碌的希特勒却提前了3天开始军事行动。因为希特勒一直担心，英国可能会在他之前行动，但显然他的担心是多余的。在一切准备妥当之后，希特勒下达了"威悉河演习"计划行动命令。

4月6日，已做充足准备的德国士兵在在这个风高浪尖的夜晚登上舰船，悄悄地离开港口，驶向北海方向。他们是首批登陆部队。到这个时刻，困惑不已的德国士兵才知道挪威是他们要到达的地方。

英国间谍也不是吃闲饭的，虽然德国做了很完善的保密工作。但如此大的军事行动，泄密的可能性还是很大的。在德国军舰北部港口集结时，英国间谍就已经发现了这一行踪。他们将德国军舰在4月6日午夜离港的情报迅速地传递到英国海军部。

但是，英国间谍犯了一个很致命的错误：德国不足2000人的首批登陆部队人数被他们估计为20～40万，丘吉尔被这个荒唐的情报吓了一跳。让他感到不解的是，德国哪来那么多的船运20～40万士兵？

虽然丘吉尔的直觉告知希特勒的目标应该是挪威，但这个数字太吓人了。有些高级军官很有把握地宣称："如此庞大的登陆舰队，

第三章 挪威战争风云突起

运送登陆士兵的德国运输船

目标应该是英国本土。"甚至他们认为德国人在法国迟迟不动手是为了一次特大的博弈。

在获得这样错误的情报后，英国人很慌张。当时，英国本土没有像样的部队，就算是10个师也无法凑足。在装甲方面，仅有装有机关枪的50多辆轻型坦克以及可以发射炮弹的11辆中型坦克……

无可奈何的英国人，只能依靠强大的海军力量。丘吉尔虽然感觉英国间谍的情报不太靠谱，但是为了安全起见，他还是违心地下令：加强英伦三岛周边的海防，港口内那些放假休息的英国水兵即刻停止休假，拔锚起航，拦截"庞大的德国舰队"。附近海域正在执勤的巡逻舰队也被紧急召回，搜索北海以西海面德国汉堡港附近海面的可疑目标。

这个拙劣的情报，挽救了那个仅有两艘战斗巡洋舰护航的德国登陆舰队士兵的性命。雷德尔最担心的就是碰上英国舰队，由于没有足够的运输船，又担心商船太慢，德国首批登陆舰队的运载工具是10艘驱逐舰。德国士兵全部拥挤在狭小的甲板上，就连弹药舱都塞满了人。虽然这支舰队很羸弱，但在数天之后，它让挪威人大开了眼界。

整天担惊受怕的挪威人，没有料到战争这么快就到来了。

挪威是北欧一个濒临海洋的小国。欧洲大陆的战争使得它陷入进退两难的境地：交战任何一方都是大国，它谁都不敢得罪。挪威

第三章 挪威战争风云突起

人不愿意卷入这场战争,虽然他们大多数人同情同盟国,但又害怕纳粹德国咄咄逼人的战争威胁。挪威是一个很重要的战略要塞,英国和德国不会因为挪威人不愿意卷入战争而放过它。所以,挪威必定会卷入战争。

挪威水道是一条沿海岛屿和大陆之间的长达1000海里的南北走向的隐蔽航道。它位于埃格松到北角的漫长的挪威海岸线上。自北欧海盗时代以来,它就是挪威的海上交通要道。如果德国利用这条水道让海军舰艇越过斯卡格拉克海峡后,就可顺着挪威水道北上,然后选择时机突入北大西洋。

如果德军占领挪威,他们不仅可以对英国的斯卡帕湾的英国皇

为德国输送铁矿石的纳尔维克港

家海军本土舰队基地形成翼侧包围,而且潜艇或水面舰艇从挪威港口出发可将英国的海上交通线破坏——这相对于从德国本土基地出发会更安全,更便捷。当然,希特勒的目的还不在于此,他要的是挪威的铁矿石——这些都是德国进行战争所亟须的战略物资。德国每年需要进口铁矿石1500万吨,其中1100万吨铁矿石来自北欧斯堪的纳维亚半岛——这些铁矿石主要来自瑞典,其次是挪威。在夏季,这些铁矿石从瑞典港口经波罗的海运往德国;在冬季,波罗的海冰封后,铁矿石只好从挪威北部港口纳尔维克经过挪威水道运往德国,而冬季航线占了铁矿石年总运量的41%。

德国海军窥视挪威已经很久了,但是德国海军实力根本就比不上英国皇家海军本土舰队,登陆部队想要安全航渡数百海里,并且顺利登上挪威海岸,是一件很困难的事情。

为了更有利地掌控局势,德国海军总司令雷德尔很早就提醒希特勒要时时关注挪威的局势,并且认为,在实力差距悬殊的情况下,应该让挪威保持中立立场并受到英国的尊重,这对德国是最有利的。这样,在开战后,德国海军就可以使用为数不多的潜艇和水面袭击舰将英国大西洋航运破坏,切断这个海上强国的生命线。

★德国入侵挪威时的《行动守则》

所有舰只都须灭灯……伪装英国舰艇的时间应尽可能地延

长。挪威舰只用莫尔斯电码发出的盘问，一律用英语回答。回答的时候，可以适当选择诸如下列词句："到博尔根，追击德国船，无敌意。"

回答应使用下列英国军舰名称："柯尼斯堡"号轻巡洋舰用英国舰队"加尔各答"号的名称……入港时，为英国军旗照明……在驶往博尔根途中……

在回答过往舰只盘问时的指导原则如下：

回答盘问：例如"科尔恩"号使用英国舰队"开罗"号的名称。

回答停航命令："请将刚才信号重复一遍；无法了解你舰信号。"遇到警告性射击时则回答："请停止射击。英国船，好朋友。"

第四章
德国海军登陆挪威

★ 德国人根本没有想到,英国驱逐舰会有这一手,连忙紧急避让。但是,太迟了!"萤火虫"号驱逐舰从侧面向"希佩尔海军上将"号重巡洋航撞去。只听"轰"的一声响,"希佩尔海军上将"号重巡洋舰被撞开了一个裂口。

★ 5艘挂着法国国旗的军舰慢慢地靠岸。挪威人没有想到,驱逐舰舱里蹲着的全是德国登陆队士兵。还没等挪威人反应过来,数以千计的德军就冲上了海岸。

★ 奥弗特峡湾是进攻纳尔维克港的必经之路。德军舰队大兵压境,挪威海军四面出击,挪威正面设防的力量远远不够。

★ 在行进过程中,德军没有遇到任何抵抗力量,很快就占领了奥斯陆的凯勒军用机场。在凯勒军用机场,德军发现了60吨燃油储备,他们立即把这里作为运送部队和补给部队的第二个基地。

1. 英德抢占挪威

德国海军总司令部接到德军最高统帅部实施"威悉河演习"的命令后,雷德尔意识到德国海军整个水面舰艇部队和大部分潜艇将冒着遭到世界上最强大海军攻击的巨大危险,横越大海,掩护陆军部队在极为分散的各登陆地点登陆,其中有些地点距离德国基地将近1000海里。

雷德尔估计德国海军的一半舰艇将因此次冒险行动付出代价,特别是军舰返航时,由于突然袭击的隐蔽性已经消失,会比去挪威时更加危险。

但是,战争机器已经开动,军令如山,已到了刻不容缓的地步,海军总司令部迅速为"威悉河演习"组成了六大战斗群。

海上攻击力量,总数8850人,被分为六大战斗集群:

第一集群(纳尔维克集群):来自第3山地师的2000士兵,搭载10艘驱逐舰,由"沙恩霍斯特"号战列巡洋舰和"格奈森诺"号战列巡洋舰护航。

第二集群(特隆赫姆集群):来自第3山地师的1700名士兵搭载"希佩尔海军上将"号重巡洋舰和4艘驱逐舰。

第三集群(博尔根集群):来自第69步兵师的1900名士兵和

第四章 德国海军登陆挪威

"沙恩霍斯特"号战列巡洋舰

海军炮兵部队搭载"科隆"号轻巡洋舰和"柯尼斯堡"号轻巡洋舰，2艘补给舰，3艘鱼雷艇和5艘鱼雷快艇。

第四集群（克里斯蒂安·阿伦达尔集群）：第163步兵师的1100名士兵搭载"卡尔斯鲁厄"号轻巡洋舰，1艘补给船，3艘鱼雷艇和7艘鱼雷快艇。

第五集群（奥斯陆集群）：第163步兵师的2000士兵搭载"布吕歇尔"号重巡洋舰、"吕佐夫"号战列巡洋舰和"埃姆登"号轻型巡洋舰，3艘鱼雷艇，2艘武装捕鲸船和8艘扫雷艇。

第六集群（安戈森德集群）：第69步兵师的150名士兵搭载4艘扫雷艇。

德军"柯尼斯堡"号轻巡洋舰

为了弥补战舰在运输和续航能力上的缺陷，德国最高统帅部打算对运输队分别编队（梯队）。包括货运梯队、加油梯队和第一海上梯队。货运梯队将会伪装成开向摩尔曼斯克的常规运输船队，在登陆部队之前到达攻击发起位置，该梯队是由 7 艘蒸汽船组成，负责为搭载在战舰上登陆的部队运输重型装备和补给。加油梯队，由 3 艘油轮和 5 艘小船组成，将会在没有护航的情况下在攻击发起日到达指定位置。加油梯队负责运输供陆军和空军使用的燃料，同时也要保证德国的驱逐舰们在返程途中有足够的燃料。

另外，为了保证行动持续进行，德军还组织了 8 个海上运输梯队负责运输后续部队和补给。海上梯队的船（不包括第一海上梯队的 15 艘船）要在攻击发起的第二天就全部到达奥斯陆。而第一海上梯队将会在攻击日当天到达奥斯陆、克里斯蒂安、斯塔万格和博尔根。这个梯队船上搭载的是增援部队（3761 人），交通工具（672 匹马和 1377 辆车）以及补给品。

德国海军的货运梯队、加油梯队和第一海运梯队将会在攻击部队之前出发，这主要是考虑到运输船较慢的速度和攻击日后英国皇家海军的警戒将会加强。德国海军担心这些船只在挪威海域的意外出现会引起英国皇家海军警觉，所以德国最高统帅部要求运输船队只能在攻击日的前 6 天内离港。由于时间太短，很多船只没能按时到达。

纳尔维克港"困兽犹斗"

为了保证"威悉河演习"计划顺利进行,德国空军为航空运输部(陆基)提供了500架运输机,主要用来执行伞降、空投(机降)和运输任务。航空运输部(海基)也可以使用海上飞机提供额外的力量。德国最高统帅部要求空军在战役发起阶段投送3000人的部队(伞降和机降),在3天之后,将有8000名士兵奔赴战场。

4月9日凌晨,德军按照预定计划在挪威海岸由北至南的各个港口登陆点同时登陆。等到陆军在陆地上稳住脚后,海军将建立起一条海上补给线,将物资由海上航线通输到奥斯陆。

德国海军还将占领哥本哈根港和大贝耳特海峡,德国陆军占领丹麦,以此来保护海上航线补给线。这条运输航道对德军来说很重要,因为航道离德国北部空军基地很近,同时航行的距离很短。英国皇家海军在这一个海区很难展开军事行动。

纳尔维克是挪威北部的一个城市,是德国首批登陆舰队的占领目标。虽然它只是一个港口城市,但在希特勒心目中,这个港口是一个很重要的战略要塞。瑞典铁矿石正是通过这个港口持续不断地输入到德国的。为了占领纳尔维克,希特勒找来他早年在啤酒馆认识的老朋友爱德华·迪特尔。

爱德华·迪特尔是一个心狠手辣的军人。他比希特勒更早加入纳粹党,是纳粹党元老。由于军人不得参政,他于1921年退出了纳粹党。但他和希特勒及纳粹党仍然保持着紧密联系。1923年11月8日,爱德华带着他的部下参加了希特勒在慕尼黑组织的"啤酒馆起义"，很踊跃地参加捣乱德国共产党的集会。虽然起义失败，但希特勒仍然很喜欢他强悍的战斗性格。希特勒认为爱德华·迪特尔非常适合参加这次军事行动。所以，希特勒破格提拔爱德华·迪特尔。

爱德华·迪特尔雄心勃勃。他简直就是一个流氓，但他的运气非常好。

为了防止德军突袭纳尔维克港，英国皇家海军的4艘驱逐舰于4月8日凌晨4点在通往纳尔维克港口的航道外布下水雷。英国政府很早就计划好了这项布雷任务。

很碰巧的是，德国舰队在英国舰队布完雷后不久就到了纳尔维克港。德国舰队不仅没有撞到英国人布设的水雷，也没有遭遇英国

"萤火虫"号驱逐舰

驱逐舰袭击——它们很顺利地通过了纳尔维克港口。

4月9日凌晨5点，天蒙蒙亮，丘吉尔被英国海军部的电话吵醒了——他们向丘吉尔报告布水雷任务顺利完成的消息。他们还向丘吉尔信誓旦旦地保证：德国偷袭纳尔维克港的计划，将会因为英国布设水雷任务的顺利完成而破灭。

4月9日5点30分，丘吉尔起床了。他要去见挪威驻英国大使，将英国皇家海军在挪威海域布雷的事告知挪威政府。与此同时，伦敦广播了这个布雷行动，希望挪威政府能紧密地配合英国的这次"友善行动"。

对此，挪威人不予理睬。在伦敦英国海军部，挪威外交大臣对英国人这次行动的真正目的表示质疑。

丘吉尔神秘地告诉挪威外交大臣：在两天前，一支强大的德国舰队已经驶离港口，目标是英国本土，或者是挪威。丘吉尔希望挪威政府对此提高警惕，防止德国舰队侵犯。

原本，丘吉尔以为自己真诚的告诫能打动眼前这位恼羞成怒的挪威外交官，让他同意接受英国的帮助。但是，这个外交官仍然竭力想搞清楚英军在挪威领海布设水雷的原因。与此同时，在挪威首都奥斯陆，愤怒的挪威国王哈康七世正在草拟着对英国表示抗议的宣言。

挪威国王的抗议宣言被播出之后，接下来就是挪威和英国两国之间的争吵。这场争吵，通过广播舆论一直在持续着。英国通过舆论想让挪威人明白英国人的友善和真诚。而挪威人通过舆论企图让英国政府知道他们的那种行为是可耻的。

对这种无聊话题的争吵，丘吉尔没有太多时间去搭理——他一整天都待在办公室里，他要第一时间了解德国海军的去向。那支部队已经消失不见了，连一直都很活跃的德国潜艇部队也失去了踪影。

1940年4月8日上午，海上风急浪高，英国驱逐舰上几乎所有的水兵都晕船呕吐。

哈康七世

在这样恶劣的环境下,如果是平常的话,一般不会继续布雷,可是目前形势很严峻,德国舰队已经临近,英国布雷舰仍得在恶劣气象条件下,冒险出征。大约 10 点 20 分,在"萤火虫"号驱逐舰上一名担任护航任务的水兵由于船的颠簸不小心掉进了大海。

水兵落到大海后,落海水兵没有被大浪吞没——他的身上穿着救生衣——在浪尖上飘上飘下。情况十分紧急,舰长鲁普马上命令"萤火虫"号驱逐舰减速、调头,组织营救。

经过 40 分钟的营救,落海水兵终于被救上来了,但"萤火虫"号驱逐舰却掉队了。这一掉队不要紧,厄运便接踵而来。

杰拉德·布罗德米德·鲁普

第四章　德国海军登陆挪威

1940年4月8日11点07分，"萤火虫"号驱逐舰发现已进入视线的德国驱逐舰。双方立刻展开炮击。

在这危急关头，紧随在德国驱逐舰后侧的"希佩尔海军上将"号重巡洋舰前来增援，一发发炮弹飞向"萤火虫"号驱逐舰。

激战中，"萤火虫"号驱逐舰舰长鲁普从望远镜中发现德军舰队正从侧后包围过来。由于实力差距悬殊，鲁普自知难以脱身，决定死战到底，于是全身热血沸腾决定向德国巡洋舰发起攻击。

当时，鲁普非常冷静，做出了超乎寻常的决定。他向操舵兵发出命令："左满舵，全速迎上！"德国人没想到这艘小小的英国驱逐舰这么难搞定，于是命令所有炮火攻击"萤火虫"号驱逐舰。

鲁普舰长利用烟幕作掩护，左冲右突，将所有炮弹倾泻给"希佩尔海军上将"号重巡洋舰。

激烈作战27分钟后，"萤火虫"号驱逐舰的舰身已经被德国驱逐舰和巡洋舰伤得不成样子，两舰距离太近，鲁普舰长可以清楚地看到德国人的面孔，他不愿意受凌辱，他决定跟德国舰艇拼个鱼死网破。他下令驱逐舰以全速向"希佩尔海军上将"号重巡洋舰撞去。

德国人没料到英国驱逐舰会有这一手，连忙紧急避让。可是，太迟了！小巧灵活的"萤火虫"号驱逐舰从侧面向"希佩尔海军上将"号重巡洋舰撞去。随着"轰"的一声响，舰身一阵剧烈震动，"萤火虫"号驱逐舰的船员几乎全部倒地。"希佩尔海军上将"号重

经典 百年海战大观 纳尔维克港"困兽犹斗"

"希佩尔海军上将"号重巡洋舰

巡洋舰被撞开一个裂口,海水直往舰舱灌去,舰上一阵手忙脚乱。

不管怎么说,"希佩尔海军上将"号重巡洋舰是一艘巡洋舰,"萤火虫"号驱逐舰是一艘驱逐舰,这种对撞的结果是不对等的:"萤火虫"号驱逐舰舰侧被撞开的大洞宽达40米。接着,它舰身熊熊的大火燃起,火势迅速蔓延进弹药舱。伴随着一声滔天巨响,"萤火虫"号驱逐舰在几分钟内就沉入了大海。

"希佩尔海军上将"号重巡洋舰上的德国人不仅进行紧急自救,还对落水的英国官兵进行抢救。但"萤火虫"号驱逐舰沉没得实在太快,那些还没来得及游开的英国水兵,就被船体沉没时所造成的旋涡吸了进去。最后,仅有40名英国官兵被抢救出来,包括鲁普。

鲁普这位已经昏迷的舰长醒来后却一心寻死。他拖着筋疲力尽的身躯从"希佩尔海军上将"号重巡洋舰的甲板上翻身滚入大海,慷慨就义。

★希佩尔海军上将级重巡洋舰

在第一次世界大战的日德兰海战中,英国皇家海军吃尽德国海军公海舰队的苦头,所以在《凡尔赛和约》的条款中明确规定:德国不准拥有包括巡洋舰以上的大型舰只。

随着独裁者希特勒的上台。雄心勃勃的德国人一心摆脱《凡尔赛和约》的限制,1935年英德海军协定签订后,德国被允许合法建造大型舰只。德国抓住这个机会决定建造希佩尔海军上将级重巡洋舰，他们在参考其他国家的巡洋舰使用情况并结合自己想法后认为，巡洋舰应该在破交战时使用，因此要求希佩尔海军上将级重巡洋舰具有排水量大、续航能力强、火力猛、防御性好等特点。为此，希佩尔海军上将级重巡洋舰总排水量控制在15000吨，安装了4座双联装203毫米主炮，该炮火力强、射程远、射速高，1941年在与英国舰队战列舰对射时显示了巨大威力。另外，为了对付空中威胁，该级舰还安装6座双联装105毫米高射炮及8座双联装37毫米机关炮。

该级舰共计划建造5艘，但实际上只完成3艘。分别为："希佩尔海军上将"号、"布吕歇尔"号和"欧根亲王"号；另外未完工的2艘为："塞得利茨"号和"吕佐夫"号。其中"吕佐夫"号是按照1939年《苏德缔结互不侵犯条约》，为了向苏联表示友好，决定卖出建造中的"吕佐夫"号，苏联改名为"彼得罗巴甫洛夫斯克"号。而"塞得利茨"号则试图改建成航空母舰，因此德军于1944年4月将其拖至柯尼斯堡改装。改建工程开工不久，苏联军队便已逼近柯尼斯堡，为避免该舰落入苏军之手，德军将该舰就地凿沉。

2. 挪威，遍地狼烟

远在伦敦的丘吉尔接连收到了以下重要情报：

1940年4月8日17点，隶属英国皇家海军的波兰"奥泽尔"号潜艇将德国一艘落单的运输舰在挪威南部沿海一带击沉。当地渔民将大批德国士兵救起。这些士兵告诉渔民说自己"是奉命前往博尔根，帮助挪威保卫国家，抵抗英国、法国入侵"。

4月8日夜里，一架英国侦察机在挪威北部海域再次发现德国舰队。

种种情报表明：德国攻占的目标是挪威，而不是英国！

本来，英国主力舰队想在北海海面将德国舰队拦截下来，同时展开战斗队形将德国舰队一举歼灭。然而，让人感到很意外的是，英国舰队布雷对德国舰队没有起到任何阻碍作用，德国舰队顺利地通过了英国在挪威设置的防线。因此，德国舰队在毫发无损的情况下，安全地完成了最让他们担心的航渡。这对于英国来说这是一个巨大的损失，因为英国舰队完全可以在最有利的时机将警戒薄弱的德国登陆舰队于航渡中全部消灭。

此刻，英国舰队很无奈，因为德国人已经赶在前面，已方大规模的登陆作战已经成为历史。英国海军部只好召回第1巡洋舰分舰队，让其作为战斗舰队再次出海，与海上的英国主力舰队会合后再一起驶向挪威。事实上，英国第1巡洋舰分舰队所运载的英国士兵应当按照2月5日的巴黎会议决定，在挪威登陆的。

当时情况十分紧急，丘吉尔决定仅把人员送上岸，武器装备暂时继续留在船上。英国第1巡洋舰分舰队就迫不及待地拔锚起航，赶去与主力舰队会合。与此同时，其余港口已经登船起航的英国士兵也接到了同样的命令：卸下人员，改登陆舰队为作战舰队。

跟德军相比，英国人的动作还是慢了些。4月8日晚上，一支登陆输送队在德国"吕佐夫"号袖珍战列舰、"布吕歇尔"重巡洋

英国海军"南安普顿"号轻巡洋舰

舰和"埃姆登"号轻巡洋舰等舰只前后左右的掩护下，乘着暮色，向挪威首都奥斯陆方向前进。

对于挪威来说，奥斯陆峡湾是它的大门。在奥斯陆峡湾，有挪威海军派出的船艇巡逻执勤。午夜时分，德国船队进入奥斯陆峡湾。德军两艘鱼艇冲在最前面作为先锋，它们在别国的海域行驶时还撞来撞去的，更猖狂的是，他们竟然还开着探照灯晃来晃去。

看到德军如此猖狂，一艘担任峡湾巡逻任务的挪威武装捕鲸船迎了上来。这艘捕鲸船的舰长是一个很有民族自尊心的人，看到德军的嚣张气焰，他实在忍受不了。没思考太多，他就使用火力攻击侵犯领海的德国舰队。然而，德国鱼雷艇根本就没把这条捕鲸船放在眼里，两艘鱼雷呼啸而出。瞬间，捕鲸船的船舷立刻被折成三截，没过多久就沉没了。

港内的挪威"U-2"号潜艇被奥斯陆峡湾内的爆炸声惊动了。舰长透过潜望镜，看到海面上前呼后拥着一群舰船。愤怒的"U-2"号潜艇立即发射鱼雷。

结果，"U-2"号潜艇发射的鱼雷没有击中目标，而在港内的德国战列舰和重巡洋舰一看到挪威潜艇，瞬间就一起发射深水炸弹。聪明的德国军舰还在挪威"U-2"号潜艇可能逃脱的水域投下了一颗颗深水炸弹。此时，挪威"U-2"号潜艇已经无法脱身。为了避免被炸毁，"U-2"号潜艇只好从水里出来，举手向德军投降，同时缴械。

经典 百年海战大观 纳尔维克港"困兽犹斗"

虽然德国军舰暂时获得了胜利,但是战斗仍在继续。在港内执行保卫船坞的挪威"奥拉夫"号布雷舰和"劳马"号扫雷艇看到德国舰队往内港里冲进,也开始拼命抵抗。两艘军舰形成战斗队形,集中火力向德国运输兵员的舰船开火。没过多久,德国3艘运兵船先后被挪威舰队击沉。

此时,德国军舰"埃姆夫"号驱逐舰疯狂地炮击挪威"奥拉夫"号布雷舰,很快,挪威"奥拉夫"号布雷艇的前后炮塔和指挥舱被炮弹击中。受到重创之后,挪威"奥拉夫"号布雷舰只好从战

浮出水面的潜艇

斗中撤离出来。

4月9日凌晨4点20分，丹麦政府收到德国驻哥本哈根大使的最后通牒，德国要求丹麦要立即接受"德国的保护"，并且必须在一个小时之内对此做出答复，否则德国将踏平丹麦。

5点20分，挪威政府也收到了德国驻挪威首都奥斯陆大使的最后通牒，内容和德国威胁丹麦的内容相同。

9点20分，丹麦政府接受了德国的最后通牒，因为此时德国舰队已经逼近挪威各个主要港口，同时分别从海上和陆路进攻丹麦。丹麦人根本就无法进行抵抗，丹麦海军没有发射一炮，陆军仅有20人受伤。

挪威人并没有被德国的威胁吓住。不到一小时，挪威人对德国的通牒正式表示拒绝。就在此时，英国人正以风驰电掣般的速度向挪威挺进。而德国舰队已经到了挪威的各个主要港口，正焦急等待着攻击命令。

希特勒"威悉河演习"计划第一阶段的目标是将奥斯陆、克里斯蒂、斯塔万格、博尔根、特隆赫姆、纳尔维克这6个港口城市占领；第二阶段的目标是进攻挪威内陆，直到将整个挪威占领，同时还准备着对付可能登陆的英法联军。

5点45分，天刚亮，挪威就遭到来自不同海域、不同港口的德军攻击。虽然挪威政府没有能力带领军队有效地抵抗德军，但是，挪威军队中许多将领和士兵特别顽强。他们和强大的德军进行了殊

经典 百年海战大观 纳尔维克港"困兽犹斗"

登陆后的德军

死抗争，捍卫了民族尊严。当然，英军也对他们进行了支援。

由于此战役战线过长，作战区域繁多，下面将单独介绍各个战场。

第一战场：挪威首都奥斯陆

挪威首都奥斯陆是挪威最大城市，位于欧洲北部。奥斯卡堡要塞距离奥斯陆非常近，地势很险要，水流很急，易守难攻，有挪威军队重兵驻守。

挪威军队以此为依靠构建整个防守体系。在该要塞北部的北卡霍姆岛有挪威军队布防的鱼雷发射阵地。同时，挪威军队还设置了火力网——由280毫米火炮和150毫米火炮交叉配置构成。

天刚蒙蒙亮，德国"布吕歇尔"号重巡洋舰、"埃姆登"号轻巡洋舰和"吕佐夫"号袖珍战列舰等组成了联合登陆舰队，进入奥斯卡堡要塞的海面，打破了奥斯陆峡湾的寂静。

希特勒是一个狂妄的人。在他看来，挪威人是没有能力进行抵抗的，或者说挪威的抵抗是有限的，或者是象征性地进行抵抗。因而，德军大摇大摆地往前开进。在要塞的挪威军队不着急开火，静静地等待德军进入险要之地。前进了一段时间，德国舰队看到要塞两旁没有挪威军队的任何动静。为了震慑挪威军队，他们立即组织突防，让前导舰"吕佐夫"号袖珍战列舰朝岸上盲目扫射。为了让德军掉以轻心，放松警惕，挪威守军仍然不动声色。此时，德军产生了错觉，他们认为挪威军队早已逃了。于是，他们更加大胆地往

经典 百年海战大观 纳尔维克港"困兽犹斗"

奥斯陆峡湾挺进。

事实上，德国的这一行动早就在挪威军队的预料之中，挪威炮兵在岸上早已看清楚"吕佐夫"号袖珍战列舰的动作，只不过他们想让德国舰队进入有效的射击距离内，再用巨炮发射的重磅炮弹，让德国海军在狭窄的峡湾里成为活靶子，让他们连还手的机会都没有。

挪威炮兵开始射击了，"吕佐夫"号袖珍战列舰不断地中弹，

中弹起火的"吕佐夫"号袖珍战列舰

舰上燃起了熊熊大火。

挪威军队最后一枚炮弹击中了"吕佐夫"号袖珍战列舰的弹药舱。瞬间，舰内剧烈爆炸。在沉入大海之前，"吕佐夫"号袖珍战列舰持续燃烧了27分钟，舰上1600名官兵纷纷跳入刺骨的海水中逃生，但最后生存下来的人很少。凭着惊人的毅力，年过半百的舰队司令奥斯卡·孔末茨和率领第163步兵师的埃尔温·恩格尔布莱希特勉强游到了岸边。最终，一艘挪威巡逻舰发现了他们，把他们作为俘虏抓起来。此时，他们已经被冻得瑟瑟发抖。

看到岸上挪威炮阵地不断地开火，为了减少损失德国舰队，只好一边还击，一边向右转朝北卡霍姆岛靠拢。这正好中了挪威人的圈套——挪威人早就预料到德军会这么做。

瞬间，3枚鱼雷发出3道很亮的白光从北卡霍姆岛上鱼雷发射阵地的鱼雷管中蹿出来。数十秒后，有两枚鱼雷击中"布吕歇尔"号重巡洋舰，其中一枚鱼雷击中该舰弹药舱。顿时，峡湾海面上连声爆炸，"布吕歇尔"号重巡洋舰上大火熊熊燃烧。在爆炸之后，大火持续燃烧了20多分钟。没过多久，"布吕歇尔"号重巡洋舰沉入海底，1600名德国士兵在爆炸中死亡。

"布吕歇尔"号重巡洋舰的沉没如当头一棒，打醒了德国人。

经过再三地思考，德国人意识到，想在陌生海域，特别是这样进退两难的峡湾中作战，德国军舰想要强行突破岸炮封锁线，这是不可能的事情，而且损失会很惨重。为了尽量减少损失，德国舰队

经典 百年海战大观 纳尔维克港"困兽犹斗"

"布吕歇尔"号重巡洋舰沉没

决定改变战术。他们让运兵船就近靠岸，改从陆路挺进奥斯陆，同时还请求德国空军进行支援，不再让军舰强行突破。

第二战场：挪威南海岸港口克里斯蒂

几乎在同一时间，在里夫指挥下，德国海军第四集群登陆舰队进入挪威南海岸港口克里斯蒂——德国人打算在这里登陆挪威。

克里斯蒂港口的地势也很险要，港内侧海面很宽广，但入口处却很险要。港口右侧是险恶的活动礁。在涨潮时，这些活动礁就像一个个定时炸弹，如果外来者不熟悉这一带的地形，冒然闯入，后果将会很严重。在退潮时，露出海面的礁石在海浪的冲击下发出一阵阵轰鸣声，声音让人害怕。这是条死亡之路，没有人敢往这里走。港口左侧紧紧地依偎着奥德略岛，这是通往内港的唯一通道。

德国舰队想要通过这一通道是一件很困难的事情。因为在岛上挪威军队已经做了精心部署，所部署的炮弹不仅有254毫米榴弹炮、304毫米平射炮，还有152毫米平射炮。

4月9日清晨，克里斯蒂地区起了一场大雾，雾气弥漫着整个港口。里夫不敢贸然入港，因此只好将攻击时间推迟。上午8点多，大雾慢慢地散开了。此时，"卡尔斯鲁厄"号轻巡洋舰率舰队已经开始突袭内港。

看到雾气中开始行动的德国舰队，挪威军队严阵以待的炮兵立即集中火力轰击目标。德军防不胜防，有一艘驱逐舰被挪威炮弹击中。该驱逐舰一炮未发，瞬间就起火爆炸，没过多久沉入大海。挪威军队的炮弹击中了德军另一艘运输舰的锅炉。锅炉爆炸，在运输舰上的登陆部队和运输舰一起沉入大海。

挪威军队凶猛的火力吓坏了德军。"卡尔斯鲁厄"号轻巡洋舰看到大势已去，急忙收兵。然而太迟了，还没等它反应过来，挪威一排榴弹炮就打中了"卡尔斯鲁厄"号轻巡洋舰的舰身，瞬间炸坏了其甲板和舰舷。里夫赶紧组织火力压制，"卡尔斯鲁厄"号轻巡洋舰才幸免于沉没的灾难。但是，它最终仍然逃不过毁灭的结局。因为英国潜水艇发现了匆忙逃离战区的"卡尔斯鲁厄"号轻巡洋

港口内挪威军队的高射炮

舰，朝它发射了两枚鱼雷。在德军舰上人员还没明白怎么回事的时候，"卡尔斯鲁厄"号轻巡洋舰就被炸成了两截，没过多久，它沉没在大海中。

里夫特别生气，这可是初战，对他来说打击很大。正当他愁眉苦脸、一筹莫展的时候，机要兵送来一份与德军作战登陆没有多大联系的电报。这是机要兵截获的法国海军打给挪威海军电报。看到无关紧要的电报，里夫更加生气了。他朝着机要兵发脾气，叫机要兵滚得远远的。机要兵吓坏了，撒腿赶紧跑。

发脾气归发脾气，该冷静下来还是得冷静下来。怒火消失了后，里夫将机要兵召到指挥舱。"你们是怎样译出法军与挪威军队的电报内容的？"里夫问。"上校先生，他们的全部密码已经被我们掌握了。"机要兵大声地回答。

随后，里夫命令机要兵以法国海军部的名义给克里斯蒂海军基地发一份电报，告诉他们，法国海军有一队驱逐舰正向该港增援，请他们的炮火注意鉴别。

克里斯丁基地的指挥官收到假电报后，特别高兴。他马上命令岸炮部队，要求岸炮部队注意掩护法军舰队。没过多久，在入口处外侧出现了5艘挂着法国旗帜的驱逐舰。驱逐舰舰队编成战斗队形，大摇大摆地进入峡口，两艘在左侧的德国军舰向驱逐舰舰队开炮，挂着法国旗的驱逐舰舰队也开炮还击，一刹那，海面上水柱不断。

"向德国军舰射击，掩护法国舰队进港！"基地指挥官发出命令。顷刻间，正在追击法国舰队的德国舰队遭遇一排排炮的攻击。德国舰队再也不敢靠近法国舰队，法国舰队趁机驶入内港。岸上基地炮兵在德军舰队退出拦截之后就马上停止射击。除少数值班人员外，大家涌向登陆滩头，迎接远道赶来增援的法国舰队。基地指挥官还准备了大批犒劳的食品。

挪威人万万没有想到，慢慢靠岸的5艘挂着法国国旗的驱逐舰舱内，蹲着的全是德军登陆队士兵。还没等挪威人反应过来，数以千计的德军就冲上海岸，从背后将挪威人的老窝给抄了。同时，德军还在峡湾上发红色的信号弹。看到信号弹后，里夫发出马上攻击的命令。在入口处停泊的德国舰队，迅速投入战斗，快速地攻击内港。

两艘停泊在内港的挪威登陆艇在看到岸上情况发生变化后，赶紧逃跑，但到那时已经来不及了——已经占领炮兵阵地的德军调转炮口，攻击打算逃跑的挪威军舰，并击中了登陆艇的主机舱。丧失动力的驱逐舰在海面上打起转来，水兵们纷纷跳入大海。在没有任何火炮拦截的情况下，德军很快将内港占领。

第三战场：挪威重镇博尔根

4月9日，天快亮的时候，一路德军奉命攻占挪威重镇博尔根。指挥官施穆恩特是一个急性子。在靠近博尔根却并未了解博尔根港内的情况时，他就下令突袭港口。

德军"科隆"号轻巡洋舰和"柯尼斯堡"号轻巡洋舰及"牛

第四章 德国海军登陆挪威

德军登陆挪威

虻"号火炮训练舰，协同驱逐舰和鱼雷艇突入内港。

突然，隐蔽在内港的一艘挪威鱼雷艇冲出来，用鱼雷攻击德国的驱逐舰。最前头的一艘德国驱逐舰起火爆炸。为了对这艘突袭的挪威鱼雷艇实施炮击，德军巡洋舰开始对它进行包抄。这时，挪威岸炮开始射击。德国舰艇在狭窄的海湾内被密集的炮弹轰炸，很多舰艇瞬间爆炸。不到10分钟，"柯尼斯堡"号轻巡洋舰和"牛虻"号火炮训练舰先后受伤，很多德国水兵和登陆兵被活活炸死。

在战斗最激烈的时刻，德军轰炸机部队赶来支援登陆。低空盘旋的轰炸机上投下了数十吨炸药。轰炸机炸毁了许多岸炮。空中轰炸机的支援，使遭受打击的德军登陆部队获得了喘息机会。不久之后，德国登陆部队冲上阵地，博尔根就此沦陷。

就在德军与挪威军队激战时，距离卑尔根100海里外的英军皇家海军本土舰队司令福布斯收到命令，立刻增援博尔根。

为了缩短时间，尽早地援救博尔根，福布斯指派莱顿率"曼彻斯特"号轻巡洋舰、"南安普顿"号轻巡洋舰、"谢菲尔德"号轻巡洋舰等5艘巡洋舰和7艘驱逐舰，对在博尔根的德军进行突袭。

但是，德军情报部门截获了英军增援行动的消息。德国最高统帅部派出轰炸机对英国舰队进行拦截。在波涛汹涌的海面，英国舰队分组列成战斗队形，以全速向博尔根冲击。发现英国舰队之后，德军立即拦阻射击。

英国和德国在海空上持续进行了25分钟大搏杀。德国轰炸机

第四章 德国海军登陆挪威

击沉了英国1艘驱逐舰。而"格拉斯哥"号轻巡洋舰和"南安普顿"号轻巡洋舰也被德国轰炸机炸伤。但是,英国舰队将德军4架"容克斯88"式轰炸机击落。

英国皇家海军从英国得知博尔根已经沦陷的消息后,就不再袭击博尔根的德军。但是,英国人决定报仇——他们在酝酿着复仇计划。英国航空母舰编队从奥克民群岛派出15架"大鸥"式俯冲轰炸机,对德国人占领的博尔根港进行轰炸。英国轰炸机击中了德国的"柯尼斯堡"号轻巡洋舰,产生的大火将弹药舱引爆了,瞬间,该舰底舱断裂。没过多久,"柯尼斯堡"号轻巡洋舰在港内沉入海底。

德军"容克斯88"式轰炸机

纳尔维克港"困兽犹斗"

在英国轰炸机一番轰炸之后，博尔根港一片混乱。德军刚刚缓过神来，准备进行空中火力还击，英国飞机却已经消失在天空深处了。

第四战场：纳尔维克港

纳尔维克港是挪威北部的一个城市，位于诺尔兰省，挪威北部奥福特峡湾内，挨着挪威海韦斯特峡湾，距离博尔根港616海里，距离佛尔港1156海里。这个小镇的人口不多。镇上的居民大都是码头工人，他们工作勤勤恳恳。这些工人的工作是将来自瑞典的铁矿石装船运走。这个小镇是爱德华·迪特尔所辖部队的登陆地点。这些部队来自德国第3山地步兵师第139步兵团，总人数2000人。

迪特尔所辖部队第一个起航，而且航程最远。在4月9日黎明时分，他们到达纳尔维克港。结果，停泊在港外的挪威军舰发现了他们。在这之前，他们的运气一直很好，在行进途中都没有遭遇英国海军拦截。

想要占领纳尔维克港，德军必须经过奥弗特峡湾，虽然挪威海军在四周布防，但挪威正面设防的力量难以抵抗大兵压境的德军。

纳尔维克是一个地势平坦的地方，没有任何险要的地势做屏障，挪威军队无险可据。挪威海军仅仅部署了2艘岸防装甲舰、2艘护卫舰和2艘潜艇。德军和挪威军队力量差距悬殊，采用如此的方式布阵设防，挪威军队只不过是象征性地设了一下防——这根本就不可能和德军抗衡。

第四章　德国海军登陆挪威

天刚蒙蒙亮，德军舰队就开始向奥弗特峡湾挺进。令德军感到很奇怪的是，迎面开来的两艘挪威护卫舰主动给德军让路，竟然连一枪一炮都没有放。

过了一段时间，德军遇到了挪威岸防"艾兹沃尔德"号装甲艇的抵抗。刚开始，挪威海军还不知道是德国军舰，发出信号，以确定来者的身份，同时又发了一炮，以示警告。

没过多久，挪威"艾兹沃尔德"号岸防装甲舰的指挥官看到一个乘坐汽艇，摇着白旗来劝降的德国军官。挪威海军告诉德国

挪威的岸防炮

经典 百年海战大观 纳尔维克港"困兽犹斗"

军官：誓死抵抗，决不投降。来劝降的德国军官要了个小花招，他告诉挪威军官，想抵抗可以，但是必须等他回去和指挥官商量商量，好好地交涉下才行。殊不知，随着他的汽艇离开，德国驱逐舰就发射鱼雷，飞进挪威装甲舰的鱼雷瞬间爆炸，燃起熊熊烈火，肆意地燃烧着挪威装甲舰弹舱。没过多久，装甲弹舱爆炸沉没海底。

事实上，在纳尔维克码头除了"艾兹沃尔德"号岸防装甲舰之外，还有"诺格"号岸防装甲舰。听到鱼雷爆炸声后，"诺格"号岸防装甲舰被惊动了。但等它缓过神来时，德国军舰已经闯入纳尔

纳尔维克港登陆的德军

维克港,"艾兹沃尔德"号岸防装甲舰已经爆炸沉没。不敢大意的"诺格"号装甲舰立即朝德国舰队开炮还击。

挪威舰队击伤了两艘德国驱逐舰,使它们丧失了战斗力。为了更好地消灭德国驱逐舰,挪威装甲舰以全速冲向另一艘德军驱逐舰。殊不知,隐蔽在另一侧的一艘德国驱逐舰早就看出来势凶猛的挪威装甲舰的攻击意图,迅速地发射了两枚鱼雷。鱼雷击中躲避不及的挪威装甲舰的底舱。瞬间,挪威装甲舰沉没海底。船舰上的水兵几乎全部遇难。

大部分挪威海军还是英勇抵抗的,但是也有少部分是投降派。纳尔维克港的港口防卫部队的司令叫康拉德。他是一个忠实的亲德分子。在德军登陆纳尔维克港后,他一枪不发,立即投降,将大量的物资装备和详细的地图资料提供给德国人。

4月9日8点15分,德军在纳尔维克登陆,成功占领了纳尔维克。得知这一消息后,柏林最高统帅部狂喜不已。希特勒特意通过电话对迪特尔和他指挥的舰队进行了嘉奖。迪特尔也狂喜不已。为了庆祝胜利,他还在港内举办庆贺酒会,同时,他还邀请了投降的挪威纳尔维克防卫驻军司令康拉德。

第五战场:特隆赫姆

特隆赫姆是挪威第三大城市,地处挪威西海岸中部。德军在往特隆赫姆港前进时,挪威海岸警卫队对他们进行了攻击。德国"希佩尔海军上将"号重巡洋舰进行了反击,未命中挪威海岸警卫队的炮台，然而爆炸掀起的尘土和烟雾将挪威士兵们的视线挡住了，德军趁机顺利地通过了特隆赫姆港的海峡。

在占领特隆赫姆计划中，德国派出的7艘驱逐舰以及"希佩尔海军上将"号重巡洋舰，并没有全部前往纳尔维克机场。其中，留在后面的3艘驱逐舰用来运载步兵——这些步兵要留下来夺取炮台。"希佩尔海军上将"号重巡洋舰以及剩下的4驱逐舰驶进了特隆赫姆港。除了驻守在3座海岸要塞和纳尔维克机场的挪威军队有所抵抗外，德军没费什么力气，就轻易地将纳尔维克占领了。尽管占领这座不设防的城市没费一枪一炮，但是驻守在3座海岸要塞以及纳尔维克机场的挪威军队坚持抵抗到了次日。

挪威军队在纳尔维克机场抵抗德军到第二天，这让德国人很恼火。德军的补给和增援主要来自于空运，因为德军的货运梯队无法及时抵达纳尔维克机场。为了让运输机和运载货物安全的降落，德国人想出了一个办法——让山地部队在冰面上标志出了一条临时跑道。这样，德军的补给和增援就得到了保障。

第六战场：斯塔万格

斯塔万格是挪威第四大城市，是挪威的古城之一，也是挪威西海岸博肯峡湾中的商港和渔港。当时，德国的攻击目标是索拉机场，这个机场是斯塔万格最大的机场。为了占领这个飞机场，德国用空军来攻击斯塔万格。除了用火力准备和对守军俯冲轰炸外，德军还空投了一个131人的伞兵连。

第四章 德国海军登陆挪威

伞兵连在索拉机场遇到很强烈的抵抗。为了让飞机平稳地降到跑道上，伞兵们在反击挪威人同时，还得将机场周围挪威人设置的铁丝网解除。与此同时，为了夺取城市和港口，德国空军运来了两个步兵营。第一海运梯队的3艘运输船也运来了重型设备和补给。在9日早上，德国还运来了援兵。但是，德国有一艘货运梯队的运输船落单了，它被一艘挪威驱逐舰击毁了。没过多久，德国空军将那艘挪威驱逐舰击毁。

登陆成功后的德国士兵

第二波次到来的是德国空军前线指挥部的成员。他们要求将索拉机场作为指挥部和向特隆赫姆发起攻击的集结点。在9日那天，前线指挥部指挥着120架飞机在索拉着陆，带来了燃料，弹药和防空部队。尽管由于起飞事故和相撞事件损失了5架飞机，在当天晚些时候，机场开始投入正常使用，并成了36架飞机的基地。

到4月9日上午，德军已经占领了纳尔维克、克里斯丁、斯塔万格、博尔根、特隆赫姆这几个大城市，但是还没有将奥斯陆攻下来。此时，别无选择的挪威政府，不再和英国政府就英国侵犯其领海问题而进行争吵了，而是决定和英国站在同一战线。

★英国人的成功轰炸

在英国"大鸥"式俯冲轰炸机进行轰炸之前德国人有将近15分钟的预警时间，但是，在"大鸥"式俯冲轰炸机投弹时，德国"柯尼斯堡"号轻型巡洋舰上只有20毫米的机关炮进行了反击，该舰前部的37毫米高炮由于被挪威人的海岸炮火损坏而不能射击，而它后部的高炮由于舰桥影响而不能向前射击。由于英国皇家海军飞行员选择从太阳升起的方向俯冲投弹，受日光影响德国"柯尼斯堡"号轻巡洋舰的高炮几乎无法瞄准。

德国"柯尼斯堡"号轻巡洋舰一共被英国的3枚炸弹命中，其中2枚击中了中部，1枚在其船头爆炸。另有1枚在接近左舷处爆

第四章　德国海军登陆挪威

"大鸥"式俯冲轰炸机

炸。其他的炸弹也陆续命中了接近德国"柯尼斯堡"号轻巡洋舰的地方。其中5枚命中了德国"柯尼斯堡"号轻巡洋舰停泊的码头。在最后一架飞机离开以后，德国"柯尼斯堡"号轻巡洋舰船员拼命对它进行抢救。但是由于电力系统已经被破坏，所以损管系统无法使用，失控的德国"柯尼斯堡"号轻巡洋舰很快沉入海底。

3. 奥斯陆，今夜不设防

逼近挪威首都的德军第一轮攻势被奥斯陆英勇作战的守卫者击退了。但是，挪威国王哈康七世仍觉得首都很不安全。为了逃往更安全的挪威北部城市哈马尔，哈康七世带上庞大的挪威皇室成员以及20辆载着黄金和3辆装着外交部秘密文件的卡车，在挪威皇家卫队的护卫下，慌慌张张地离开了首都奥斯陆。

在世界战争历史上，德国是首次使用空降部队的国家，其目标是攻占挪威首都奥斯陆。得知海军第一轮偷袭奥斯陆行动失败，德国最高统帅部就命令空降部队占领奥斯陆。这些乘坐"容克-52"型运输机的空降兵本来是要按计划以跳伞的方式降落的。但是，飞行员发现，奥斯陆机场的跑道是完好的，于是就直接飞了下去，在奥斯陆机场降落。

虽然降落很顺利，但是德国"容克-52"型运输机的运载能力很有限，一架飞机每次只能运送14名全副武装的士兵。

德军本来以为可以很顺利地拿下奥斯陆的弗尔内埠机场，但是挪威的大雾和挪威人的抵抗大大地延迟了德军空中打击的计划。德国有两架飞机因为大雾坠毁，德国第10航空集团军的集群指挥官只好将原定的空降行动（两个伞兵连）取消。第10航空集团军在

第四章 德国海军登陆挪威

空降纳尔维克的德国伞兵

得知这个消息后，命令所有飞机返回丹麦。

虽然都收到上级指挥机构的命令，但是德国运载空降部队（一个步兵营）的运输机群却怀疑这个命令是挪威军队采用的欺诈手段，因此对这个命令不予理睬。

还有一个最关键的原因，那就是德国运输空降部队的飞行员都是来自运输总部航空学校的教官。在平常的飞行作业中，他们都受过良好的训练，即使是在恶劣的天气条件下他们也毫无畏惧。因此，在大雾天气里执行任务对他们来说不是一件很困难的事情。这

经典 百年海战大观 纳尔维克港"困兽犹斗"

"BF-110"式双引擎重型战斗机

一点和第10航空集团军的飞行员有很大不同。

因此，德国航空运输总部对召回命令并不愿意去执行。他们认为，德军如果要更顺利地往挪威内陆挺进的话，必须找一个地方作为前线基地。而弗尔内埠是一个非常适合作前线基地的地方。这个前线基地可以为德国战斗机和轰炸机的进攻提供空中支援。

实际上，航空运输总部着急找一个前线基地是有原因的。因为原计划已经被取消，如果德国不同波次的飞机同时返回阿尔伯格加油的话，该基地将会出现混乱局面。而弗尔内埠机场是英国皇家海军和皇家空军打击范围之外的机场，德军可以在此安全地起降飞机。同时，这里也可以作为在挪威中部和纳尔维克执行支援任务的德国飞机起飞基地和中转着陆地。

由于大雾影响，在第一波进攻部队登陆之前，德军空中攻击梯队只好直面地面强烈地防空火力。第10航空集团军的轰炸机和战斗机予以了猛烈的还击。"BF-110"式重型战斗机先于运输机降落，并作为"移动的机枪堡垒"对着机场四周猛烈扫射，来掩护降落的运输机。

在飞机刚着陆后不久，鲍尔曼就迅速地命令部队夺取机场。鲍尔曼是在4月8日被秘密调入奥斯陆集群的第21集群代表团的成员。

虽然鲍尔曼命令部队占领机场的时间比预计整整延迟了3个小时，但是弗尔内埠机场还是迅速地投入了使用。德军占领了弗尔内埠机场，但是机场内仍有少部分挪威地面防空力量在抵抗着，掉在地上的飞机残骸冒着浓烟，机场的跑道很短。这些使德国飞行员时时刻刻都有生命危险。但德国第10航空集团军的飞机整个早晨都在不断地起降。中午时分，早已经登陆正在向斯塔万格方向前进的众步兵连调向弗尔内埠——得到增援后的德军终于可以继续向前推进。

德军很快就占领了奥斯陆。如果挪威人民能够奋力抵抗，德军是不会轻易得逞的。因为德国空运到奥斯陆的伞兵仅有500人，德国援军也在行进途中。更为不可思议地是，中午时分，德国一支空军小分队在战斗机掩护下，趁着混乱顺利地将奥斯陆市中心占领了。

为了庆祝胜利，戈林找来了一支军乐队。他们各自拿着乐器，乘坐飞机抵达挪威机场。军乐队在戈林的命令下列好队形，在一个大号手带领下，他们迈着整齐的步伐，从惊讶的伞兵们面前吹吹打打地走过，然后向前开进挪威首都。

这支军乐队由217人组成。在9日下午，他们站在市政厅广场著名的托盘喷泉池下面，演奏了一场生动的军乐曲给奥斯陆市民观看。

顿时，奥斯陆万人空巷，人们都来到广场围着这支军乐队，欢天喜地地听着他们演奏。事实上，挪威人并不仇视德国人，相反他们对这个邻居颇有好感。

挪威是一个善良的民族。在第一次世界大战期间，因战争而失去父母的好几千名德国孤儿被挪威人收养。但让他们意外的是现在德国人竟然拿着武器来入侵他们的国家。可是当他们听到德国军乐队精彩的表演时，善良的挪威人民竟然放弃了反抗。在军乐队演奏完之后，全副武装的德国士兵也赶来了。他们和挪威警察简单地交涉了下，就接管了奥斯陆这座城市。

在这之后，德军很快占领奥斯陆凯勒军用机场，他们在这里没有遇到任何抵抗力量。同时，他们还发现了凯勒军用机场有60吨燃油储备。很快，凯勒军用机场成为德国运送部队和补给部队的第二个基地。

吉斯林

事实上，德军能够非常顺利地占领挪威首都奥斯陆，跟挪威人维德孔·吉斯林有很大关系。

1887年7月18日，维德孔·吉斯林在挪威弗雷斯达尔的一个农民家庭出生。他在1905年9月考上了挪威军事学院。他非常刻苦地学习历史、哲学和数学，还有研究俄国问题。很快，他以第一名的成绩从挪威军事学院毕业。当时，国王还单独召见了他。后来，他到总参谋部任职。吉斯林是一个知识很全面很丰富的人，同事们称他为"教授"。他也是一个很狂热的亲德分子。随着职位不断上升，他的野心更大了。

1931年5月，组阁的挪威农民党任命吉斯林为国防大臣。在工作期间，他在国防事务方面没有做出什么成绩，但是他极力地反对工党和工会。这使挪威的经济危机加剧，阶级矛盾日益突出。为了解决危机，吉斯林开始学习法西斯主义。他决定对希特勒在德国的所作所为进行模仿，把挪威建立成一个独裁统治的国家。为此，吉斯林学习德国纳粹党的理论和策略，同时建立了国家统一党，并在1933年5月担任该党元首。为了获得国家统一党的票数和扩大德国纳粹主义在挪威的影响力，吉斯林决心投靠纳粹德国，借用希特勒的武力来夺取挪威的政权。

1939年11月，苏芬战争爆发。交战各国特别重视北欧的战略地位。德国海军总司令雷德尔获悉盟军要在挪威登陆，感到北欧形势危急，遂将情报报告希特勒，并提出"必须占领挪威"的建议。

第四章　德国海军登陆挪威

正是在这样的背景下,在德国全面战略中挪威的重要性不断提高。这为吉斯林向德国寻求帮助提供了条件。

1939年12月,吉斯林来到柏林,与雷德尔会晤。吉斯林告诉雷德尔,希望德国帮助他的国家统一党发动一场政变,将现在的政府推翻,重新建立以他为首的新政府。他还告诉雷德尔,已有相当

吉斯林与希特勒

一批的挪威军官支持他，如果德国支持他的话，政变就一定能够成功。吉斯林提出，挪威可以"把必要的基地交由德国武装部队自由处理"，并希望"能召集会议讨论有关联合行动和把部队运到奥斯陆去等问题"。

吉斯林的殷勤和有深度的计划，深深地打动了雷德尔。雷德尔决定向希特勒推荐吉斯林。听完雷德尔的介绍，希特勒顿时对吉斯林产生很大兴趣，接见了吉斯林。见到希特勒后，吉斯林殷勤地表现自己，极力讨好希特勒。他告诉希特勒，只要希特勒答应出兵挪威帮他夺取政权，他愿意做"第五纵队"。初次见面，希特勒对吉斯林印象极好，答应给吉斯林提供活动经费，并保证在细细研究之后将会给他提供军事援助。

在这之后没多久，希特勒又连续两次接见了吉斯林，同时制订了进攻挪威的计划方案，还给吉斯林一笔吸纳更多人加入亲德活动的经费。1940年1月，吉斯林从德国领取活动经费20万马克。德国方面还答应从3月15日开始每月给吉斯林1万英镑，连续给3个月。对此，吉斯林特别满意。从那以后，他在德国和挪威之间来回穿梭，更加卖力地为德国工作。

不久之后，德国入侵挪威，不宣而战。德国占领奥斯陆后，吉斯林通过广播对外宣告挪威政府已经被推翻，他本人担任首相，新政府已经成立。同时，他还宣布抵抗德军是一种犯罪行为，应当判处死刑。他还取消了挪威政府颁布的总动员令。

第四章 德国海军登陆挪威

挪威国王和议会对吉斯林发表的宣言和他成立的新政府不予承认。为此,德国驻挪威大使还赶到北方,会见挪威国王哈康七世,要求哈康七世批准吉斯林政府,并返回奥斯陆。对于德国大使的要求,哈康七世断然拒绝。4月11日,吉斯林派出密使到北部劝说哈康七世返回奥斯陆,被国王再次强硬地拒绝了。

在奥斯陆以北抵抗德军的挪威士兵

吉斯林的行为遭到了挪威人民的唾骂，从此，他恶名远扬。为了获得更多利益，德国决定抛弃吉斯林。4月15日，吉斯林为首的新政府仅仅才持续6天，德国人就另行组织了在德国占领当局控制下的由6人组成的行政委员会，对挪威外交和国防以外的行政事务进行负责。万般努力下，吉斯林终于担任了行政委员会中的留任复原专员，主要的职责是瓦解挪威抵抗运动的军事力量。

在此期间，吉斯林做了不少事情。他对外迎合纳粹德国，忠心服务占领挪威的德军；对内推行纳粹政策，对挪威的爱国抗德运动进行镇压。同时，他还将大量挪威青年送往德军前线充当炮灰。他宣布国家统一党为挪威唯一合法的政党，解散其他一切政党和党派组织。为了巩固政权，他还仿效纳粹成立国家统一党党卫军，对反对派进行暴力殴打和镇压。他严厉限制人民自由，规定在挪威沿海各地，除国家统一党党员外，其他任何的挪威居民不得私自拥有收音机。

吉斯林不仅严格控制挪威各级国家机关，而且企图把教会、工会、学校、青年组织乃至体育团体都控制起来，纳入法西斯轨道。挪威人民强烈反对，同时还开展了规模宏大的抵抗运动。对此，吉斯林进行了严厉镇压，还将大批爱国人士逮捕并监禁起来。

德军第一阶段的战略目标达到了。他们已经占领了挪威沿海所有港口。这些并不困难，因为挪威并没有像样的军事力量，让德国真正发愁的是应如何守住挪威，同时还得对付同盟国的进攻。

★德国空降兵想抓挪威国王

拿下挪威首都后，德国空降兵又接到了最高统帅部的一项特殊任务——活捉挪威国王哈康七世。当德国空军指挥官斯比勒赶到挪威皇宫的时候，挪威皇宫早已空无一人。于是，他急急忙忙地召集了两个连的德国伞兵，进行追击。由于缺乏交通工具，斯比勒迅速征用了十来辆市内公交车，两个连伞兵整整齐齐地坐在公共汽车上出发了。

在哈马尔附近，德国伞兵遭到了挪威皇家卫队的伏击。这些躲在灌木丛里的士兵惊奇地发现公路上驶来了一大串公共汽车，挪威步兵总监卢格毫不犹豫地下令开火。尽管大老远地这些挪威士兵并未看清车里坐的是什么人，但见十来辆公交车跑到野外，毫无疑问那必然是德国人。坐在第一辆公交车上的斯比勒被一颗子弹击中，受了重伤。天然气驱动的汽车一旦爆炸，就废了，德军不敢恋战，公交车载着受伤的指挥官一路撤回了奥斯陆。

第五章

纳尔维克争夺战

★ 英国驱逐舰分队悄悄地开进了纳尔维克海区。当时,恰好是黄昏,天气急剧恶化。大海上笼罩着浓雾,风雪交加,能见度仅仅为400米。

★ 两次纳尔维克海战,德国损失惨重。"赫尔曼"号驱逐舰、"吕德尔"号驱逐舰、"阿尼姆"号驱逐舰、"吉泽"号驱逐舰等10艘驱逐舰不是被英国海军击沉,就是受伤沉没。

★ 迪特尔将率领德国山地部队,在纳尔维克港内死守。但是德国海军、空军、陆军补给都不足,想要守住纳尔维克是一件很难的事。

★ "热心"号驱逐舰在完成第7次毫无成效的鱼雷攻击后,再也支撑不住,开始下沉。

1. 反攻纳尔维克

德国人占领纳尔维克第二天，赶到纳尔维克海湾的英军就对德军进行反击，爆发了第一次纳尔维克海战。

1940年4月9日深夜，英国皇家海军第2驱逐舰舰队司令沃伯顿·李，在没有得到增援的情况下，冒着疯狂的暴风雪，率军艰难地前进，最终顺利地进入纳尔维克港外的乌夫特峡湾。

英国皇家海军编队中有5艘驱逐舰，分别是"勇敢"号驱逐舰、"浩劫"号驱逐舰、"敌忾"号驱逐舰、"急性"号驱逐舰和"猎人"号驱逐舰。沃伯顿·李所指挥的是"勇敢"号驱逐舰。

德国在纳尔维克的海军实力并不弱，有10艘驱逐舰，分别是"施密特"号驱逐舰、"阿尼姆"号驱逐舰、"吕德尔"号驱逐舰、"吉泽"号驱逐舰、"克勒纳"号驱逐舰、"乔治"号驱逐舰、"汉斯"号驱逐舰、"赫尔曼"号驱逐舰、"海德坎姆"号驱逐舰和"岑克"号驱逐舰。同时，海湾中还有5艘德国商船——3艘运输船和2艘油轮。

对于英国人来说，这次海战无异于是一场虎口拔牙的硬仗。4月10日凌晨，英国驱逐舰分队悄悄地开进了纳尔维克海区。不巧的是，傍晚的天气急剧恶化，浓雾笼罩着海面，风雪交加，能见度

沃伯顿·李

不到 400 米。

英国海军部电令第 2 驱逐舰舰队在附近港湾避风，等天气转好后再实施突袭。但沃伯特·李没有这个耐心——他决定带部队偷袭纳尔维克港。他认为，刚刚攻下港口的德国人肯定会忙于港内和岸上的战场清理。

下完命令后，沃伯顿·李乘坐"勇敢"号驱逐舰，顶着狂风巨浪，勇往直前。其他 4 艘驱逐舰紧紧跟随着"勇敢"号驱逐舰。

虽然恶劣的天气给舰队前进造成了很大阻碍，但是英国驱逐舰的行踪恰好被呼啸的海风和漫天的飞雪掩盖住，德军根本就没有发现即将入港的英国舰队。

快到港口时,沃伯顿·李发布冲锋信号,大声喊道:"冲进去,把他的窝掀个翻天覆地!"英国舰队在出击时分成两个行动小组。沃伯顿·李安排"急性"号驱逐舰和"敌忾"号驱逐舰对德军的岸炮阵地进行攻击,实际上是要掩护另外3艘驱逐舰进港。德国人的探照灯发现了"敌忾"号驱逐舰,"敌忾"号驱逐舰和"急性"号驱逐舰将计就计迎着灯光靠上去,同时朝岸炮阵地发射一排炮弹。一瞬间,德军刚占领的阵地上喊声、哭声一片,火光冲天,德军混乱得像热锅上的蚂蚁。

就在德军一片混乱之际,"勇敢"号等3艘驱逐舰偷偷地向港区靠近。令沃伯顿·李感到吃惊的是,港内有5艘德国驱逐舰正停泊着,而不是只有1艘。事实上,为了防止意外情况发生,德国海

德军"海德坎姆"号驱逐舰

军指挥官迪特尔命令将这次登陆作战的10艘驱逐舰分散驻守在3个地方，同时命令邦特为总指挥，驻守挪威最大的港——纳尔维克港，并留下5艘驱逐舰备用。

此时沃伯顿·李已经没有退路，他只能勇往直前。在指挥舱里，他看到了德军的旗舰"海德坎姆"号驱逐舰。

沃伯顿·李决定先将"海德坎姆"号驱逐舰拿下。他马上下令发射鱼雷，瞬间3枚鱼雷直扑"海德坎姆"号驱逐舰。几乎是同时，英国驱逐舰舰炮也朝"海德坎姆"号驱逐舰打出了一排炮弹。紧接着，又有4枚鱼雷朝着停泊在港口的德军其他4艘驱逐舰飞去。

德国的驱逐舰也发起反攻。瞬间，纳尔维克海港炮弹呼啸，暴风海涛怒吼着，鱼雷爆炸着，一片混乱。德国指挥官邦特在开完庆贺酒会不久，回到"海德坎姆"号驱逐舰的舰桥上视察军情，恰好被英国"勇敢"号驱逐舰发射的120毫米炮弹击中，当场毙命。此时已中鱼雷的"海德坎姆"号驱逐舰摇摇欲坠——除了遭受英国鱼雷攻击外，它的舰舱还涌进了大量海水。没过多久，德国"海德坎姆"号驱逐舰渐渐沉没。

除了"勇敢"号驱逐舰获得了较大胜利外。英国"猎人"号驱逐舰和"浩劫"号驱逐舰也取得了很出色成绩。它们发出的鱼雷击中了德国其他驱逐舰，使得德军伤亡不断。

邦特的阵亡使德国舰队陷入群龙无首的状态。刹那间，纳尔维克港口陷入一片混乱。英国驱逐舰的鱼雷击中了"吕德尔"号驱逐舰，舰体瞬间爆炸，没过多久，它就沉入大海。英国驱逐舰的鱼雷也击中了德国"施密特"号驱逐舰，瞬间海水灌进它的舱首，将主机淹没了，可它还是拼死向岸边浅海抢滩，然而太迟了，"施米特"号驱逐舰也沉入了大海。

沃伯顿·李是一个喜欢趁热打铁的人，虽然此刻取得了很大胜利，但他仍不满足，他决定再次狠狠打击德国人。沃伯顿·李料想德国人肯定在忙着清扫战场和营救伤员。于是，英军在午夜时分再次对纳尔维克港进行了攻击。这一次，德国人失算了。他们本以为英国人会见好就收，压根儿没有想到英军会趁夜进行偷袭，德军根本没有设置有效防守。

英国驱逐舰队的"回马枪"将德军打得落花流水，四处逃窜。同时，英军还击沉了2艘在港内停泊的德国商船。此外，英军还误打误中击中了德国"U-64"号潜艇。原来，德国"U-64"号潜艇的舰长听说德军占领了纳尔维克港口，特别高兴，于是就将潜艇停泊在码头上岸庆祝。遭袭击后，"U-64"号潜艇的下潜能力丧失。

纳尔维克港区一侧战败的情报传到了停靠在港区另一侧的德军驱逐舰队。舰队副帅米脱尼特别着急。他马上下令由2艘军舰在左侧设伏，并亲自率领3艘军舰与英军正面交锋。他的战术思想很明确——切断英军的退路，在纳尔维克港内将英国舰队消灭。

此时，如果英国舰队从内港再次撤退的话，德国舰队副帅米脱尼只能干生气。夜色茫茫的大海中德军肯定不敢贸然地往外海追

第五章　纳尔维克争夺战

英国驱逐舰发射鱼雷的瞬间

击。然而，沃伯顿·李并没有做出撤退的决定。他打算第三次杀进内港。

这一次，沃伯顿·李的计划失策了。事实上，作为一个指挥官，在指挥作战过程中，对敌方兵力部署以及地理位置应当很熟悉，同时也必须冷静地看待问题。沃伯顿·李是个顽固不化、一意孤行、骄傲自大的人。他对部下提出的意见根本就听不进去。在德军占领的海区作战，不了解德军兵力部署，也知道德军一旦将退路切断自己就插翅难飞，沃伯顿·李仍然固执地率军杀向内港。

沃伯顿·李率领5艘英国驱逐舰第三次杀进港区。"勇敢"号驱逐舰朝剩余的德国商船发射鱼雷。瞬间，港区的火海越来越大，又一艘德国商船被英国舰队击沉了。

沃伯顿·李得意扬扬，发出撤退命令。可是，他发现退路被德国舰队切断了，想逃跑再也来不及了。3艘德国驱逐舰从北面的赫简斯峡湾直逼过来。

此时，沃伯顿·李还是很冷静的。他不仅要求军舰将距离拉开，还对如何打击德国舰队进行了详细地部署。为了杀出包围圈，沃伯顿·李在英国舰队与德国舰队距离为19000米时，命令"勇敢"号驱逐舰先向德国舰队开炮，然后迅速调头向东南方另一峡湾逃离。然而早有预谋的德国舰队已在海湾暗处隐蔽了2艘驱逐舰。在英国舰队还没完全进入海湾时，隐蔽暗处的德国驱逐舰从旁边沿斜线方向冲杀过来。德国舰队的一枚枚炮弹一齐朝"勇敢"号驱逐舰发射。瞬间,炮弹炸毁了"勇敢"号驱逐舰舰桥和舰首,同时,将在舰桥上观察战情的沃伯顿·李当场炸死。

德国舰队并没有停止攻击,炮弹依旧疯狂地扫射着"勇敢"号驱逐舰。没过多久,千疮百孔的英国"勇敢"号驱逐舰沉入了大海。德国"乔治"号驱逐舰借着优越的地理位置连发4枚鱼雷,向英国"猎人"号驱逐舰射去。英国"猎人"号驱逐舰瞬间爆炸起火,没过多久,随着巨大海浪的冲击,它很快就陷入巨大旋涡,慢

驱逐舰之间的较量

慢地沉入大海。

另外3艘英国驱逐舰除了对德国舰队的扫射进行鱼雷反击之外，还得想办法从重围中冲出去。当天的海战进行得很激烈，德国舰队击沉了英国2艘驱逐舰，击伤3艘英国驱逐舰；而德国舰队2艘驱逐舰被击沉，5艘商船被击沉，4艘驱逐舰被击伤，损失也很惨重。在第一轮纳尔维克海战中，德国和英国海军的最高指挥官均死于战场。最终，英国皇家海军退出战斗，第一轮纳尔维克海战宣告结束。

英国在收到沃伯顿·李率领的舰队取得惊人战绩和他本人在战场上阵亡的消息后，特别震惊。英国海军部立刻命令惠特沃思将峡湾封锁，以防德国驱逐舰逃跑，同时电令福布斯率英国皇家海军本土舰队主力向北挺进，支援英国舰队。

事实上，来增援的部队是为了复仇。但是，英国增援部队想要再次神不知鬼不觉地渡过纳尔维克内港，是一件可能性很小的事情。因为德国人已经派出"赫尔曼"号驱逐舰和"克勒纳"号驱逐舰在奥弗特峡湾入口处进行24小时巡逻。现在，德国人已经提高警觉了。

然而，这一切并没有阻碍英国增援部队前进的速度。10日，在博尔根附近，英国人发现了身负重伤的德国"柯尼斯堡"号轻巡洋舰，英军出动了15架"大鸥"式轰炸机将其炸沉。

11日4点左右，英国18架"剑鱼"式鱼雷轰炸机从"暴怒"

第五章　纳尔维克争夺战

"厌战"号战列舰

号航空母舰起飞，在特隆赫姆附近攻击了2艘德国驱逐舰。福布斯这两天在挪威南部水域频繁取得胜利。当他听说英国在纳尔维克北部的战事很紧张，于是大胆率领英国皇家海军本土舰队向北部挺进。

12日上午，英国海军部给福布斯下达命令，要求福布斯派一艘战列舰和若干艘驱逐舰攻入纳尔维克，将德军在纳尔维克的残余力量消灭。收到命令后，福布斯马上命令惠特沃思出马。惠特沃思乘交通艇连夜出发，登上了英国"厌战"号战列舰。

英国"厌战"号战列舰是一艘老式战列舰。它参加过很多海战，其中最著名的是日德兰海战。它属于英国皇家海军建造的伊丽莎白女王级战列舰，有着坚硬的外壳，排水量为29150吨，装有8座双联381毫米主炮，14座152毫米副炮。它对付德国驱逐舰是一件很轻松的事。

但是，英国战列舰想要顺利地向战区挺进，还得经过奥弗特峡湾狭窄的航道。这里的暗流涌动，暗礁很多，英国战列舰在这里的行动很不方便，而且还得面临着德国的水雷攻击、潜艇伏击、驱逐舰鱼雷攻击。虽然会遇到各种各样的危险，惠特沃思仍然不折不扣地执行了命令。在他的指挥下，英国"厌战"号战列舰和9艘驱逐舰在13日白天顺利地闯入了峡湾腹地。

为了更快地报仇，英国舰队决定当天冒着纳尔维克海域绵绵的细雨往战区方向挺进。

第五章 纳尔维克争夺战

13日11点，英国"伊卡洛斯"号前导舰在峡湾入口一侧发现了德国"赫尔曼"号驱逐舰，迅速朝它开炮射击，并将"赫尔曼"号驱逐舰击中。为了及时给港内预警，"赫尔曼"号驱逐舰不敢恋战，朝纳尔维克海域东部迅速撤退。

看到德国舰队受伤欲逃，4艘英国驱逐舰从两侧对它进行包抄，紧紧咬住不放。另外，英国舰队径直往峡湾入口挺进。当退到峡湾时，"赫尔曼"号驱逐舰舰长发现已无退路，于是自凿沉没。

与此同时，英国一架水上飞机在"厌战"号战列舰上起飞，它在"赫尔曼"号驱逐舰自沉的海区转了一圈后，就朝着峡湾飞行。突然间，英国飞行员发现了一直躲藏在一块岩石后面的德军"克勒纳"号驱逐舰。尽管雨雾挡住了英国飞行员的视线，可是隐蔽在岩石背后的德国驱逐舰还是被发现了。英国飞行员将这一重要情报迅速地传达给"厌战"号战列舰。"厌战"号战列舰按照飞行员引导的方位，迅速将380毫米火炮对准"克勒纳"号驱逐舰射击。同时，英国驱逐舰发射的5枚鱼雷也全部击中了德国"克勒纳"号驱逐舰。

没过多久，英国人就将德国"克勒纳"号驱逐舰打得千疮百孔。见到大势已去，德国"克勒纳"号驱逐舰舰长决定弃舰逃跑。事实上，"赫尔曼"号驱逐舰遭遇围攻时，德国"克勒纳"号驱逐舰并没有出手援救，它打算藏起来偷袭英国舰队，企图达到先发制人的效果。但是，德军根本就没想到英国飞行员早已识

经典 百年海战大观 纳尔维克港"困兽犹斗"

水上飞机离舰起飞

破他们的意图。结果，德国"克勒纳"号驱逐舰偷鸡不成反蚀了一把米。

英军和德军在纳尔维克海峡入口处进行了激烈的战斗。此时，德军内港基地迅即派出第4驱逐舰大队司令员率领仅存的6艘驱逐舰增援。

看到来势汹汹的德军驱逐舰大队，英国人一点也不敢怠慢。"厌战"号战列舰的火炮，在德国舰队还没靠近时，就开始对它们猛烈地攻击。同时，英国水上飞机的飞行员在空中将两枚燃烧弹从空中丢到德军驱逐舰上。瞬间，德国"阿尼姆"号驱逐舰上燃起熊熊大火，好多船员被当场烧死，仅有少数船员侥幸跳海逃生。

英国驱逐舰机动性能很灵活，冲在最前面；而"厌战"号战列舰在后面压阵，它的主炮炮火很猛烈。惠特沃思的舰队势如破竹，德国舰队拼死顽抗，但很快就败退下来。

13点50分，英国舰队用鱼雷将1艘逃向赫尔扬斯湾打算抢滩的德国舰只击沉。德国其他3舰驱逐舰迅速溜进罗姆巴克斯湾。

此时，惠特沃思胜券在握。他兵分两路，一路去攻纳尔维克，一路去追击逃向罗姆巴克斯湾的德国驱逐舰。

★ "厌战"号战列舰

"厌战"号战列舰属于英国皇家海军建造的伊丽莎白女王级战列舰，于1912年10月31日开工，1915年3月完工。服役期间进

经典 百年海战大观 纳尔维克港"困兽犹斗"

"厌战"号战列舰的主炮齐射

行了两次较大的现代化改装。经历过第一次世界大战、第二次世界大战。尤其在第二次世界大战中，经过多次创伤的"厌战"号战列舰最终安然无恙，并且成为第二次世界大战中英国皇家海军的传奇战舰。

该舰基本参数：

外形尺寸：全长196米，型宽27.4米（现代化改装之后31.7米），吃水9.2米

排水量：标准排水量29150吨（1937年现代化改装之后32500吨），满载排水量33000吨（1937年现代化改装之后35500吨）

动力装置：24台3缸锅炉，4台涡轮蒸汽机

主机输出功率：75000轴马力（改装后80000轴马力），最大航速25节

武备：8座双联装381毫米/42倍径主炮；14座单装152毫米/45倍径副炮；2座76毫米/50倍径主炮（12磅炮）；4具533毫米口径水下鱼雷发射管（改装中拆除）；现代化改装加装4座双联装102毫米/45倍径高射炮；4座8联40.5毫米/45倍径砰砰炮；第二次世界大战期间加装30座美制20毫米高射炮，4联装高射机枪。

2. 纳尔维克港拉锯战

在纳尔维克港内，德国舰队和英国舰队进行了殊死激战。德国有3艘船舰受伤，其中，有一艘船舰被英国"厌战"号战列舰的炮弹轰炸得千疮百孔。

另外2艘德国船舰被冲进港内的3艘英国驱逐舰的鱼雷击沉。但是，德国舰队仍然顽强抗击。为此，惠特沃思也付出了很重大的代价，其中1艘英国舰队受了重伤，被迫从战斗中撤出；另1艘被德国船舰的炮弹击中，在撤出时触到暗礁。

罗姆巴克斯湾位于纳尔维克东北部，长约5海里。峡湾腰部细窄，宽仅500米。窄口处水流湍急，岩石危伏，两岸都是悬崖峭壁，地势格外险要。英国"厌战"号战列舰舰体庞大，机动受到限制，只好临门却步，不敢贸然追入。它派水上飞机前行侦察，以便让飞机为火炮指引炮击方向。其他4艘驱逐舰则无所畏惧，依次进入。

当英国舰队路过窄口时，躲在岩石背后的德国驱逐舰用鱼雷袭击走在前面的"爱斯基摩"号驱逐舰，该舰被鱼雷击成重伤，舰首被炸飞，只好掉头返回。3艘英国驱逐舰勇往直前，反击德国驱逐舰。激战片刻，有2艘的炮弹快打光了，另外1艘前主炮已经停止了射击。就在这关键时刻，惠特沃思又派了2艘驱逐舰前来支援。

当英国的 2 艘支援驱逐舰赶到窄口时，看到 1 艘德国驱逐舰撞上了岩石，已动弹不得。事实上，这条全长 5 海里的峡湾是一条死胡同。对此，德国海军上校贝伊并不清楚。英国驱逐舰狠狠堵上来，等贝伊发现舰队走进死路之后，只好无可奈何下令凿沉最后的 3 艘驱逐舰，自沉湾底。德国兵纷纷弃舰上岸，向山内逃窜。

英国驱逐舰大获成功。它们对峡湾的每一个地方都进行了仔细搜查，甚至连搁浅的德国驱逐舰也不放过——用鱼雷补射了几炮，然后大摇大摆地离开了战场。当"厌战"号战列舰回到纳尔维克港时，发现德国驱逐舰队已经毫无影踪，港内只有 13 艘德国商船。

在两次纳尔维克海战中，德国损失惨重。他们的"U-64"号潜艇被击沉。"赫尔曼"号驱逐舰、"吕德尔"号驱逐舰、"阿尼姆"号驱逐舰、"吉泽"号驱逐舰等 10 艘驱逐舰，要么被击沉，要么自沉。

在纳尔维克海战过程中，有很多德国士兵站在海岸上观战。但让他们彻底傻眼的是，被英国击沉的驱逐舰队在他们眼前瞬间就沉没了。他们一直呆呆地站在岸边，直到海战结束都没有反应过来。随后，英国海军巨炮的轰击声，使得他们从梦中惊醒。此时，他们才开始惊慌失措，四处逃窜。

纳尔维克港战役可谓"德国人心中英雄式的惨败"。为了纪念此事，德军还颁发了特殊勋章。德国海军在纳尔维克港与英国海军的两次战斗中，得到的唯一好处是德军在纳尔维克港区域的地面部队增员了。

纳尔维克战区陆军司令战争指挥把逾 2000 名幸存海军收编起来，组成一支步兵旅。当时，德军非常需要这批由海军转为陆军的救兵，英国、法国、波兰三国联军与德军在纳尔维克酣战，目的是

纳尔维克海战中，德国陆军士兵只能在岸上观战

第五章 纳尔维克争夺战

不让德国人占领这个战略重镇。

丢失了纳尔维克港这一阵地，德国山地部队变成了"山沟部队"，因为他们都跑进了纳尔维克附近的山沟里。一位英国皇家海军军官通过望远镜清清楚楚地看到了德国陆军狼狈逃窜的景象。在他看来，德国士兵的士气已经瓦解，英军应该立刻登陆，将纳尔维克港占领。

惠特沃思本来打算派陆战队马上登陆纳尔维克港，但是想要登陆该港又有风险。因为有2000多名非等闲之辈的德国士兵——山地作战师中的一个团守在港口。这些军帽上有鼠曲草标志的山地师骁勇善战，火力非常猛烈。同时又因为英军陆战队的兵力不足，使惠特沃思无法前进。

为了轰炸英国"厌战"号战列舰，德国空军第10航空兵联队多次出动飞机。这时，惠特沃思看到作战任务已经完成，决定率领部队离开舰队，撤出峡湾，避免舰队遭到德国潜艇伏击。

4月14日，第一批英军地面先头部队第24卫队旅两个连，在纳尔维克西北方30海里的哈尔斯塔登陆。在这之后6个星期内，在纳尔维克的德军遭到盟军连续围攻。峡湾外的英军战舰在那不断地巡逻，有时还对岸上德军的目标进行炮击。德军的轰炸机则对盟军军舰发动猛烈轰炸。

14日，英国驱逐舰在哈尔斯塔附近的海域将德军的"U-349"号潜艇击沉了。15日，英军第24卫队旅主力也来到了哈尔斯塔。

经典 百年海战大观 纳尔维克港"困兽犹斗"

激战过后的纳尔维克港内硝烟滚滚

这个旅由麦克西指挥。哈尔斯塔在乌夫特峡湾对面的欣厄于岛上——这无法直接威胁纳尔维克的德军。

德国海军被消灭后,在纳尔维克北面和南面还驻有挪威军队。德国海军的海上和陆上交通都被掐断了——他们的补给只能依靠空军。当时,盟军兵力占有绝对优势,而德军士兵仅有4500名。在缺乏兵员补充和物质补给情况下,德军想要守住阵地是一件很困难的事。

当时,德军面临着一个很严峻的形势。他们的主力部队部署在挪威南部,距离纳尔维克最近的德军部队在350海里以外的挪威中部港口特隆赫姆,然而这支登陆部队也仅仅才1700人,他们同样也得面对强大的盟军。

4月15日,当希特勒从德军情报部门得知英军重兵已经抵达纳尔维克附近的罗弗敦群岛时,他显得特别慌张。他原来打算命令迪特尔放弃纳尔维克,然后撤离到特隆赫姆。然而,希特勒手下有一名将军认为往南撤退是行不通的,飞机空运士兵只能一小批一小批地进行,效率很低,而且可能造成很大损失。希特勒觉得下属将军的直谏有道理,于是就趁着英军行动缓慢,赶紧派遣增援部队沿铁路推进到瑞典和挪威边境,将整个纳尔维克地区控制起来。同时,他命令部队尽一切可能修筑防御工事。这为后来的战斗打下了良好基础。

事实上,在酝酿反击的不止是德国,法国也不是闲着的。为了不让法国领土再次遭受像第一次世界大战那样的浩劫，打算对德国实施反攻的法国总理认为，只要在挪威发动一次强有力的登陆作战，德国的注意力将会转移到挪威，使挪威成为这次世界大战的主战场。

为此，法国制订了详细的作战计划，并将这个计划命名为"铁锤"计划。首先，在挪威中部城市特隆赫姆附近发起强大的军事力量进行登陆作战，将该区域内的德军消灭，同时在特隆赫姆和可能投入战斗的瑞典军队胜利会师。

当英法援军纷纷赶到挪威后，丘吉尔建议海军和陆军进行岸上战斗，但总指挥麦克西对此表示反对。根据可靠的情报，他认为运输舰所装载的部队与物资是为了实行无抵抗的登陆，而不是进攻德军，况且德军正以机枪阵地坚守着港口，想要在纳尔维克港登陆是一件很困难的事情，就算英国登陆部队有海军舰炮掩护，想要成功登陆也是不可能的。

事实上，联军想要占领纳尔维克港并非完全不可能的，只要联军行动更猛烈些，同时在德国增援部队到达前这实施占领即可。但是，英国人的计划还是落空了，这是由于上层领导犹豫不决和英军前线的指挥官无能。当时，英军的计划是先夺回挪威中部的特隆赫姆，他打算将挪威中部保住。这样，不仅可以对北进增援纳尔维克的德军形成屏障，还可以伺机南下。

接下来英军在陆地上并没有进行大的行动，这是由于英军在4

第五章 纳尔维克争夺战

月 20 日的飞行侦察中发现陆地的积雪深达 1.5 米，想要在完全无道路通行的条件下作战，是一件很困难的事。英军不具备这种战斗技能，当然他们也没有应对深积雪地形的作战装备，这对于进攻很不利。

这时南方德军开始积极北进支援，德军第 181 步兵师通过海运进抵特隆赫姆，支援该处的是德军第 2 山地步兵师；德军第 196 步兵师在奥斯陆登陆。最终德军突破了盟军的防线，这是由于德军空军占有绝对优势，不停地轰炸盟军占据的港口，而且英军各部各自为战。

在这次战斗中，德军在挪威北部的战区纳尔维克，由于受作战半径限制而无法投入战斗。然而，挪威南部和中部地区则牢牢地掌握在德军手中，在这些地区德军占据着优势。因此，当盟军士兵在挪威中部登陆时，刚一上岸，就遭到德国空军炮火的猛烈攻击。

德国空军实力很强大。在这次战斗中，法国人首次尝到了它的威力。由于担心西线随时有德军攻击的危险，法国人被动地将大量空军力量留在本土各个机场闲置着。而掌握着西线主动权的德国，1100 架飞机（850 架战斗机、250 架运输机）在戈林指挥下全部投入战斗。

其中，对盟军心理打击最大的是德国"斯图卡"式俯冲轰炸机。这种轰炸机在投弹时能发出凄厉的尖啸声，能够精准地将炸药投下。"斯图卡"式俯冲轰炸机能以 80° 的角度向地面急剧俯冲。

经典 百年海战大观 纳尔维克港"困兽犹斗"

德国"斯图卡"式俯冲式轰炸机

在该机身腹部中心，可悬挂一枚 450 公斤重型炸弹，两侧翼下可加挂两枚 112 公斤炸弹。在"斯图卡"式俯冲轰炸机前翼梁下，装有一对俯冲减速板，其肥大的主起落架在飞机俯冲时也能起到减速作用。这些特点使得"斯图卡"式俯冲轰炸机的轰炸精度极高，圆径误差在 25 米以内。

德国"斯图卡"式俯冲轰炸机的威力很大。为法国人运输大炮的英国船只刚一靠岸，马上就被德国这种轰炸机炸毁。盟军只好用步枪和机关枪来对抗有大炮和轻型坦克装备的德军。这和法国人所期盼的在挪威中部"强大"登陆作战的理想相差很远。这是一场势力不对等的战斗，盟军注定要吃大亏，因为盟军不但缺少制空权，而且还缺少重武器。

到了 4 月下旬，盟军的"铁锤"计划宣告失败。更糟糕的是，一家英国报刊竟然将盟军夺取特隆赫姆的军事计划披露出来。这对盟军的打击很大，本来就没有能力将空中局势逆转，现在又被披露了军事计划。对于盟军来说这无疑是雪上加霜。4 月 30 日，也就是"铁锤"计划执行的第 10 天，彻底无望的盟军从挪威中部撤出。法国军队边打边撤，目的是将德军向挪威北部的推进速度延缓。当然，对于德军来说，想要彻底地消灭这小股登陆部队也不是一件很容易的事。

5 月 1 日，盟军分别于两个小港口登船撤离，在德国空军不断袭击之下。这两个小港口早已是一片火海。这些成群结队的轰炸机悬挂鱼雷，专门袭击他们认为最有价值的目标，盟军的运输舰队损失惨重。最后，丘吉尔只好命令英军在挪威中部、南部地区只使用空军以及潜艇部队作战。事实上，这等于就是承认了失败，放弃了对该区域的争夺。

同盟国的指挥官分析了这次战役失利的原因。他们清楚地意识到，战争模式不再局限于二维空间里，空军的出现使战争模式三维化。空军对战争的作战模式影响很大，制空权对陆战的影响很大。一个严密的军事行动，德军竟然没有经过陆战就将同盟国击败了，这种现象在第二次世界大战以前从来没有出现过。这种强悍的空中力量大大地打击了交战对方士兵的作战心理。曾有一支英国登陆部队，刚一上岸，就躲进了一个铁路隧道里，任凭他们的指挥官如何呵斥、威迫，也不敢从铁路隧道里出来。但撤退命令一下达，士兵们跑得飞快。

当然，盟军撤出特隆赫姆，但并不意味着希特勒的这次"威悉河演习"计划大获全胜。反之，由于同盟国放弃了对挪威南部的争夺，使他们有足够时间和精力来集中人力占领挪威北部战区的纳尔维克。

★ "斯图卡"式俯冲轰炸机的威胁

这种飞机的机头装有一个空气驱动的发声装置，能在俯冲时发出类似空袭警报的凄厉的呼啸声。这在炸弹还没落下以前，已对地面的人的心理造成极大冲击,加强了打击效果。

曾有人采访过德国飞行员,驾驶"斯图卡"式俯冲轰炸机时是什么感觉,这名德国飞行员回答:"就像跳水一样。"

有些技术高超的德国飞行员能让"斯图卡"式俯冲轰炸机飞到离地面10米的距离,再拉起机头。值得一提的是,"斯图卡"式俯冲轰炸机的发明者不是德国人,而是英国人。只不过,由于在试验中,该机被模拟对空炮火打得"千疮百孔",因此英国人宣布"俯冲机是个没用的玩意儿",没有继续往下研究。事实上,他们没有想到的是,在真正的实战中,面临着一架尖啸着从高空俯冲而下的钢铁怪物,人们第一反应是抱头逃避,而不是举枪射击。

3. 盟军联合进攻

在同盟国的高级指挥官们看来，虽然无法完全将挪威占领，但是控制挪威出口铁矿石的港口是挽回颜面的好方式。为了对此地的德军进行毁灭性打击，盟军打算放弃挪威中部，将战略重点放在纳尔维克——同盟军要永久地占领这个要地，将瑞典出口德国铁矿石的港口牢牢地控制住。盟军在这个地区掌握着绝对的制空权，部队大概有1万多人，其中有丹麦人、西班牙人，甚至还有德国人，这些人组成了法国外籍兵团。当然，这些部队还包括流亡伦敦的波兰政府所组建的波兰营。

于是，那些从挪威中部撤离的盟军士兵并没有回国，而是往纳尔维克方向集结。与此同时，英国大量士兵和战略物资全都在纳尔维克港外的罗弗敦群岛集结。为了占领纳尔维克港，英国人一直在做准备。

此刻，德军想守住纳尔维克港几乎是一件不可能的事情。因为由迪特尔率领的2000名德国山地部队不但缺少补给，而且没有海军和空军支援。

遇到如此被动的局势，千里之外的德国纳粹最高统帅希特勒紧张不已。他甚至为此失去了理智。据希特勒的副官后来回忆说，当

约德尔

希特勒得知迪特尔的部队被包围后，特别激动——他不是在约德尔房间里的某一个角落发呆，就是跟别人高谈些与战事无关的其他事情。他的情绪很低落，心情很沮丧。

这个小小的战役使希特勒的神经错乱。每逢见到人，他都说纳尔维克守不住了。大家的情绪都很低落，三军首脑相互埋怨。这些情绪在柏林总理府里召开的会议中都一一得到体现。这种压抑的气氛让特别擅长阿谀奉承的凯特尔也忍受不了——他怒气冲冲地离开了会议室。

会议上希特勒提议撤回迪特尔的部队，或者让迪特尔的部队通过陆路撤退到特隆赫姆。这个提议简直是痴人说梦话——纳尔维克根本就没有飞机场。想要撤离，这是一件不可能完成的事情。对此，戈林感到尴尬。他想对此做出回应，嘴里念念有词，结果插不上话。

希特勒想让部队从陆路撤退的主张遭到了约德尔的强烈反对——他曾经去过那里，在纳尔维克行军很难，想在那里行军就像在北极行军一样难。

在会议上，平时沉默寡言的最高统帅部作战处处长约德尔，向希特勒歇斯底里地陈述了自己的意见。他很了解纳尔维克，当然他还是很信赖迪特尔。他认为虽然军队补给不足，但是想要坚守一段时间还是可以的。他告诉希特勒想要有出路，途径只有一条，那就是集中力量，坚守阵地，不抛弃，不放弃。他跟希特勒大声辩论，把周围的旁观者吓得目瞪口呆——他似乎忘了自己和希特勒的等级关系。

当然，希特勒的雄辩还是压倒了不善言辞的约德尔。约德尔很生气，甩开门，傲然阔步，愤怒地离开了内阁会议室，砰砰的关门声把整个会议室震得嗡嗡作响。

此时，希特勒也很生气。他阴沉着脸，一声不吭地从内阁会议室的另一扇门离开。希特勒是一个没有受过正规军事训练的人，但他做出过一些很大胆的军事行动，纳尔维克的窘境没有让他垂头丧气。他自认为是20世纪最伟大的军事天才，尽管第一次军事

经过伪装的德国士兵

指挥的素养表现结果并不太让人满意，但是他仍然认为自己是一个天才。

第二天早上醒来，希特勒对约德尔坚守纳尔维克等待支援的计划表示同意，让约德尔来收拾这个烂摊子。他却和法国军事顾问举行了通宵会议，研究各种征服法国的方案。

在4月13日那场海战中，英军几乎全歼德军，幸存下来的德国士兵仅有2500多名。为了加强纳尔维克的防御力量，刚刚获得指挥权的约德尔忙碌起来。为了抵御盟军进攻，他决定采取一个很冒险的计划。他将幸存的海军士兵组成5个"水兵山区陆战"营，命令士兵穿上从挪威军队那里缴获来的服装，使用挪威军队的武器，加入山地兵行列。但是，根据《日内瓦战俘公约》规定，使用联合国或中立国家或其他非冲突各方的国家的记号、标志或制服，而假装享有被保护的地位，是背信弃义的行为，不受《日内瓦战俘公约》保护。也就是说那些身穿挪威军队制服的德国士兵，一旦在战斗中成为俘虏，对方不会把他们当成战俘看待，而是当成间谍，直接枪决——《日内瓦战俘公约》中不含对间谍的保护条款。

同时，约德尔还命令1000多名德国士兵全部伪装成医疗卫生人员，携带医疗用品、食物，乘坐火车到达纳尔维克。约德尔向瑞典北部的铁路部门提出要求，要求瑞典向迪特尔的部队提供医疗用品和医疗卫生人员，实施名义上的人道主义。

本来瑞典政府不管这种偷渡行为，但是最终顶不住同盟国的压力，只好禁止德军过境。对此，德军也无可奈何。但是，德国空军开始全部高效运转起来。为了能在纳尔维克北部16公里已冻结的哈特维格湖上着陆，德国"容克-52"型运输机冒着被盟军轰炸坠毁的危险，运来了一个山地榴弹炮连。同时，他们还打算在天气好转时，空投一些士兵到纳尔维克。通过各种各样的方式，到5月1日德军一共增援士兵1500人，加上迪特尔手上的2000名山地士兵，以及2500名水兵部队，德军的总兵力已经达到6000人。

当然，在德军忙碌时，盟军也没闲着。相对德国来说，盟军的

第五章 纳尔维克争夺战

增援会更加容易些。他们的舰船很快就运来15000名士兵。4月下旬，盟军在纳尔维克港外的部队包括英军1个旅、法军3个营、法军外籍军团2个营、波军4个营，再加上当地的挪威军队，总数为2.5万人。

此时，盟军指挥官是麦克西。他是一个做事特别谨慎的人。由于海军大臣丘吉尔无法有效地节制麦克西的行动，为了督促麦克西，丘吉尔便派出他的朋友科克前往陆军指挥部，希望他能让麦克西尽快对德军发起进攻。然而，麦克西提出了各种各样的借口，对进攻纳尔维克港进行阻挠。

科克与麦克西第一次见面的对话是这样的：

科克勋爵："将军阁下，丘吉尔爵士希望你尽快在纳尔维克发动一次强有力的进攻，将盘踞在这个小镇的德国人全部消灭。现在2000名德国士兵肯定在马不停蹄地修筑防御工事，而大雪覆盖了这些防御工事和纳尔维克城。此时，敌人已经组织起来隐匿在大雪中的防御工事里。你在纳尔维克城待了已经快半个月，我想你对这场战役肯定做好了很充分的准备吧？"

而麦克西却特别镇定和冷静。他告诉科克："绝对不能对敌人采取军事行动，因为他们的机枪阵地正在港口坚守着，严阵以待……"

此时，科克特别愤怒，但他还是冷静下来，压住怒火："我们海军可以在距纳尔维克港较近的海域用排炮压制岸上敌人的火力；同时，航空母舰上的舰载飞机也可以升空作战，为登陆部队提供充分的火力支援。"

麦克西理直气壮地告诉科克："在对纳尔维克采取军事行动之前，我必须负责任地警告你，如果我们的炮击行动击中了在纳尔维克的挪威男女及幼童，那么对于我和我部下的将士以及我们的国家来说，是很可耻的事情。"

科克直接将麦克西的这番对话通过电报转发给了丘吉尔。同盟

丘吉尔

国在 4 月 22 日举行了国防委员会，将麦克西撤了职。

在国防会议上，丘吉尔任命科克为驻纳尔维克最高司令官。任命完毕后，科克严格地执行了丘吉尔的命令，迅速对纳尔维克展开攻势。在接下来的时间里，盟军的舰炮、飞机持续不断地对这个小镇进行火力袭击，炮弹像雨点般地落在港外的德军前沿阵地上。刚开始，德军仅用榴炮弹偶尔进行还击。然而，同盟军却迅速地将德国榴炮弹阵地摧毁。德军伤亡惨重。没过多久，这个小镇被炸为平地。

虽然丘吉尔对有进攻精神、精力充沛的科克很欣赏，可是科克并不是打仗的材料。在占据优势的情况下，科克尽让英国军舰开炮攻击，并没有采取其他进攻方式，来牵制德军的火力。这种悠然自得的炮击行动整整持续了一个月。直到 5 月 28 日凌晨，盟军才首次发动了开战以来三军联合行动。

为了冲上海岸，占领德军的外围阵地，英国军舰在登陆部队进攻过程中，持续不断地发射照明弹来为他们指引方向。同时，法国外籍兵团还搭乘了经过特别制作的登陆艇。很快，英国的炮火把德军外围阵地炸得稀巴烂了，英国登陆部队很顺利地登上了海岸，伤亡很少。

为了赶走盟军，德国发动了多次反击。这时，盟军为数不多的轻型坦克已经登陆上岸——这些武器可以很轻松地对付缺少重型武器的德国士兵。在德国的反扑被打退后，挪威的后续部队也登陆了。英国的部队则利用登陆艇在纳尔维克外围半岛同时登陆。他们企图采用钳形攻势，企图将盘踞在镇上的敌人全部消灭。由于士兵的人数不足，德军只得收缩防线。

早晨7点，迪特尔被迫指挥部队撤出了城，退守城外的一座小高地。战斗进行到白热化阶段，德军集中所有机枪，封锁了城外到高地的一切道路。盟军士兵在坦克支援下，对那个高地展开反复不间断地冲锋。此时天已放亮，英国航空母舰上的舰载飞机也赶来支援。迪特尔的部队此时只剩下1500人。山地兵再勇敢，也寡不敌众。德军只好继续撤退——期望撤到英国舰队的射程以外，在山地和森林中继续与盟军周旋。

德军沿着铁路撤退到瑞典边境。他们一边撤退，一边进行反击，同时采用机枪封锁铁路线的方法大量杀伤敌军。为了向前慢慢推进，盟军士兵只好躲在铁路边的壕沟里。躲在森林里的德国士兵采用小规模的反突击，与盟军在山上进行着激烈地战斗，其目的是为了延缓盟军进攻。

由于长时间没有得到补给，德军的实力很单薄。他们的弹药差不多快用完了。迪特尔终于在6月7日率领部队撤离到距离瑞典边境只有3公里的地方。挪威步兵总监卢格曾经在哈马尔勇敢伏击过德国伞兵，他率领部队也投入了战斗。

看到盟军从四面八方围攻过来，曾经很顽强的迪特尔彻底绝望了，因为盟军把他们压缩在瑞典边境的几座小山上。他告诉部下再坚持两个小时，等到弹药消耗完毕了，要是盟军仍然继续进攻的话，他们只好撤退到瑞典境内，听候瑞典人处置。

然而，让德军感到很意外的是，盟军的进攻在6月8日突然终止进攻撤退了。这时，惊慌失措的德军才敢从散兵坑里探出头来。

盟友突然撤退，使挪威士兵觉得自己没有顽强抵抗的必要。于是，在德国士兵果断地进行反攻时，为数不多的挪威士兵放下武器，纷纷向德军投降。这样一来，德军又很顺利地将纳尔维克港重新占领。

事实上，盟军突然撤退是有原因的。因为法兰西战役爆发了。在西线，德军的进攻速度很快。为了全力保护法国，盟军只好在即将取得胜利的时候，突然撤退，保护大局，将一切可以作战的部队派到西线给予增援。

★爱德华·迪特尔

爱德华·迪特尔1890年6月21日在德国上拜恩州出生。他父亲是德意志第二帝国的一名税务官。1900—1909年间，迪特尔在本地学校读书。毕业后，他第1次申请加入军队被驳回，经过再次申请才获得了入伍资格。1909年10月1日，他以军校生的身份加入巴伐利亚第5步兵团，后来在慕尼黑军校进行深造。1911年10月，他晋升为少尉。在第一次世界大战中，迪特尔受伤4次。1919年德

爱德华·迪特尔

国革命期间,他加入右翼自由极端主义组织,参加了在慕尼黑袭击了左翼苏维埃共和政权的军事行动。迪特尔在这个时期加入了德国工人党,后来这个党改名纳粹党,迪特尔成为纳粹党元老。他的党员证号是第24号,跟希特勒相比,他加入纳粹党的时间更早。

4. "光荣"号航空母舰沉没

为了获得海上的全胜，德军指挥官雷德尔在盟军从挪威全线撤退时，立刻命令德国海军舰队司令马沙尔对英国船队进行拦截。

马沙尔立刻率领"格奈森诺"号战列巡洋舰和"沙恩霍斯特"号战列巡洋舰，"希佩尔海军上将"号重巡洋舰从基尔解缆出航。与此同时，还有4艘驱逐舰护航。他们将这次行动的代号命名为"朱诺"。

德国舰队紧张的航渡持续了3天。在6月8日清晨，德国舰队到达了预定作战海域。

到了预定海域时，德国舰队发现了2艘英国船，便将英国的2艘船击沉，获得了小小的胜利。为了加油，"希佩尔海军上将"号重巡洋舰和4艘驱逐舰在13点30分开始返航到挪威中部的特隆赫姆港。德国"沙恩霍斯特"号战列巡洋舰在前面领航，"格奈森诺"号战列巡洋舰跟在后面继续向西北方向巡航，希望能碰上漏网的英国轮船。而此时英国"光荣"号航空母舰编队正以205°航向向西南方向行驶，由"热心"号驱逐舰和"阿卡斯塔"号驱逐舰为它护航。当时，能见度良好，西北风2~4级。由于接近北极，水温只有1℃左右。

负责德国"沙恩霍斯特"号战列巡洋舰巡航任务的是古斯少尉。在16点46分,他在战列舰前桅瞭望平台上聚精会神地观察。突然,一缕青丝在他的眼中出现,他用余光一闪回转刻度盘,方位大约在右舷60°。激动的古斯立刻打电话向舰桥报告。在确认了目标方位后,"沙恩霍斯特"号战列巡洋舰发灯光信号向旗舰报告在右舷60°有不明目标出现。16点56分,德国"格奈森诺"号战列巡洋舰也发现了右舷的英国编队。

17点,德国旗舰发布了战斗警报。"沙恩霍斯特"号战列巡洋舰的轮机舱内,车钟响亮,舰桥要求提供作战航行的最大速度。德

从"希佩尔海军上将"号上拍摄到的"格奈森诺"号

国军舰开始右转，向目标接近。到 17 点 06 分，德国军舰的编队航向发生了改变，同时提高了航速，增加到 24 节。炮长命令打开测距仪和雷达，指挥室内的弹道解算器嗡嗡地运转起来。

就在德军忙着准备进攻的时候，英军却还很闲散。"光荣"号航空母舰上搭载有 10 架"海斗士"式舰载战斗机和 6 架"剑鱼"式鱼雷攻击机，另外，还有 10 架英国皇家空军的"飓风"式战斗机和 10 架"斗士"式战斗机。这艘"光荣"号航空母舰在海上已经巡航了几个月。舰长奥尔斯为了让疲惫不堪的舰员好好休息一下，不但没有命令飞机进行水上侦察，而且降低了战备等级——战备等级降为最低的四级战斗准备。此时，"光荣"号航空母舰的桅顶的观察哨没有人值班。

"光荣"号航空母舰的警戒一直很放松。直到 17 点 01 分，有两艘奇怪的船从西方出现，"光荣"号航空母舰发现了它们，可是"光荣"号航空母舰仍然没有进行战备，它不仅没有加速，也没有改变航向，仅仅是派了"热心"号驱逐舰对其前来的目标进行身份核实，同时命令将 5 架"剑鱼"式鱼雷攻击机提升至飞行甲板，准备起飞侦察。

20 分钟后，"光荣"号航空母舰发现情况不妙，它一边发出战斗警报和求救信号，一边加速，试图避开德国舰队。"光荣"号航空母舰笨拙地向左转向，躲进"阿卡斯塔"号驱逐舰散布的烟幕中。直到此时它的飞机仍然没有起飞一架，被提升到飞行甲板上的

5架"剑鱼"式鱼雷攻击机还挂着深水炸弹……

就在英国"光荣"号航空母舰忙着躲避的时候,"沙恩霍斯特"号战列巡洋舰的炮长洛维赫早已完成了对目标的测定。他命令用主炮射击英国的航空母舰,副炮对付越来越近的"热心"号驱逐舰。两艘德国战列巡洋舰上的炮塔缓缓转向左舷,推弹机平顺地将弹丸和药筒推进炮膛,关栓,火炮打到规定仰角,锁定,击发机保险解除!

但是,德国"格奈森诺"号战列巡洋舰率先开了炮。一发炮弹命中了"热心"号驱逐舰的1号锅炉舱,"热心"号驱逐舰匆忙转舵藏入烟幕中。

紧接着,德国"沙恩霍斯特"号战列巡洋舰的两座艏炮塔对26000米外的英国"光荣"号航空母舰发射了第一次齐射。50秒后,洛维赫炮长观察到了近弹弹道。"该死!近失弹,快!表尺加600,快!"命令迅速传达到炮塔内,炮手匆忙调整了火炮仰角。很快,德国"沙恩霍斯特"号战列巡洋舰进行了第2次齐射,却又得了远弹。这时,英国"光荣"号航空母舰上的2架"剑鱼"式鱼雷攻击机已经换上鱼雷准备起飞了。双方都在加快发射速度,因为生死就在一瞬间。

德国"沙恩霍斯特"号战列巡洋舰发射了第3次齐射,一发279毫米穿甲弹将英国"光荣"号航空母舰的飞行甲板击中了。瞬间,航空母舰的飞行甲板被炸出了一个大洞。飞机在英国"光荣"

第五章 纳尔维克争夺战

"剑鱼"式鱼雷攻击机

号航空母舰上再也无法起飞。航空母舰的前机库起大火，两座锅炉进气道被四散的弹片击穿了。此时，"光荣"号航空母舰已经失去了抵抗能力。德国的战列巡洋舰的炮瞄准很精确，"光荣"号航空母舰连续中弹，瞬间全舰燃起熊熊大火，舰身开始不断向右倾斜。

看到"光荣"号航空母舰中弹，愤怒的英国"热心"号驱逐舰连续发射4枚鱼雷攻击德国"沙恩霍斯特"号战列巡洋舰。但是，这一切都在德国人监控之下。英国来袭的鱼雷轨迹每次都被德国舰队的水下听音器和瞭望哨观察到，因此很快这些鱼雷就被老练的德国人躲过去了。

这时，德国人遇到了麻烦——"沙恩霍斯特"号战列巡洋舰的轮机坏了，航速无法维持29节。马沙尔决定改变作战队形。他命令"沙恩霍斯特"号战列巡洋舰留在后面对付英国的"热心"号驱逐舰。他率领"格奈森诺"号战列巡洋舰进一步炮击"光荣"号航空母舰。

德国"格奈森诺"号战列巡洋舰在17点50分以30.5节的高航速从右舷超过了"沙恩霍斯特"号战列巡洋舰，向前追赶英国"光荣"号航空母舰。几分钟后，德国"格奈森诺"号战列巡洋舰发射一发279毫米炮弹命中"光荣"号航空母舰的舰桥，在舰桥前的军官包括舰长在内全部当场被炸死。就在这关键时刻，英国"光荣"号航空母舰进入英国"阿卡斯塔"号驱逐舰释放的烟幕中，德国舰队再也找不到英国航空母舰了。由于丢失了目标，几分钟后，德国战列巡洋舰只好停止射击。

然而，激战还在继续，德国"沙恩霍斯特"号战列巡洋舰被英国"热心"号驱逐舰缠住不放。受伤的英国"热心"号驱逐舰发射3枚鱼雷，再次从左舷逼近德国舰队。此时，愤怒的德国"沙恩霍斯特"号战列巡洋舰发射105毫米高射炮来进行反击。德国"沙恩霍斯特"号战列巡洋舰除了发射105毫米高射炮，还发射150毫米炮弹，这些炮弹都命中了"热心"号驱逐舰。瞬间"热心"号驱逐

"格奈森诺"号战列巡洋舰

舰冒起熊熊大火，航速降低到15节，舰身开始向左倾斜。

虽然英国"热心"号驱逐舰被炸得千疮百孔，但是它仍然在进行攻击。它的主桅已经断裂，当完成第7次鱼雷发射时，支撑不住的舰身开始沉入大海。

德国"沙恩霍斯特"号战列巡洋舰的所有舰员随着英国"热心"号驱逐舰的沉没而松了一口气。因为他们可以开始对付英国的航空母舰了。当德国"沙恩霍斯特"号战列巡洋舰和英国"热心"号驱逐舰进行激战时，屏蔽"光荣"号航空母舰的烟幕已经被大风吹散。此时，德国"格奈森诺"号战列巡洋舰发射279毫米炮弹重新进行连续射击。该炮弹很快就命中了"光荣"号航空母舰的中轮机舱。瞬间，英国的"光荣"号航空母舰的航速开始下降，控制不住的舰身开始慢慢地往左打转——它已经不可能再逃跑了。很快，德国"格奈森诺"号战列巡洋舰和"沙恩霍斯特"号战列巡洋舰赶上了"光荣"号航空母舰。看到这情景，英国"阿卡斯塔"号驱逐舰舰长格拉斯福特意识到单靠消极的释放烟幕，已经不能为"光荣"号航空母舰护航了。他果断地操舰脱离"光荣"号航空母舰，向西加速航行。

18点33分"阿卡斯塔"号驱逐舰在7000米的最大有效射程上，用第2号、第3号、第6号和第7号鱼雷管向正以150°航向追击"光荣"号航空母舰的德国"沙恩霍斯特"号战列巡航舰右舷发射4枚鱼雷。"沙恩霍斯特"号战列巡洋舰当时打得正起劲，只是将航向转向到170°试图避开英国鱼雷。

完成攻击后的英国"阿卡斯塔"号驱逐舰迅速躲进烟幕中，然后高速从德国"沙恩霍斯特"号战列巡洋舰的舰首方向穿过，虽然它的炮台被150毫米弹命中，但仍然向德国"沙恩霍斯特"号战列巡洋舰左舷发射了剩余的4枚鱼雷。

瞬间，英国"阿卡斯塔"号驱逐舰发射的一枚鱼雷击中了德国"沙恩霍斯特"号战列巡洋舰C炮塔正下方的III—IV舱连接部，

"光荣"号航空母舰

百年海战大观 纳尔维克港"困兽犹斗"

360公斤高爆炸药将舰壳上撕开了一个14米长、6米宽的大口子。单薄的防鱼雷隔舱形同虚设，内侧的水密纵隔板被炸塌，大量海水涌入C炮塔弹药库和1号轮机舱、3号轮机舱。虽然德国已经躲过英国鱼雷7次攻击，但他们这次却掉以轻心——他们为自己的漫不经心付出了沉重代价。

德国轮机兵抄起监听棒紧贴到轮机外壳，希望轮机能在爆炸中幸免。但不幸的是，他们听到的是从机壳内部传出的越来越大的机械杂音。为了避免两台轮机彻底报废，机长不得不命令将出现故障的右舷和中央涡轮机全部关闭。

"沙恩霍斯特"号战列巡洋舰中雷后暂时停止射击。"格奈森诺"号战列巡洋舰上的人员马上将火力从奄奄一息的英国"光荣"号航空母舰上的人员转移到"阿卡斯塔"号驱逐舰上来。吸取了"沙恩霍斯特"号战列巡洋舰的教训，"格奈森诺"号战列巡洋舰格外小心谨慎，它始终避免进入"阿卡斯塔"号驱逐舰鱼雷射程以内。随后两艘德国战列舰密集的副炮火力覆盖了"阿卡斯塔"号驱逐舰，但"阿卡斯塔"号驱逐舰仍然继续回击。它的一发120毫米炮弹还击中了"沙恩霍斯特"号战列巡洋舰B炮塔的右侧火炮身管。

这场激烈的海战终于结束了。

19点08分，英国"光荣"号航空母舰沉没，在9分钟之后，英国"阿卡斯塔"号驱逐舰在"光荣"号航空母舰的东北约4000米的洋面上沉没了。

第五章 纳尔维克争夺战

"沙恩霍斯特"号前主炮塔

这一次，英国士兵们终于可以停下来休息了。他们根本就没有想到弱小的德国人会如此英勇，德国"沙恩霍斯特"号战列巡洋舰和"格奈森诺"号战列巡洋舰在这场战斗中分别消耗279毫米炮弹212发和175发。

三艘英国军舰沉没后，约有900余人爬上了救生艇，德国军舰害怕再受到攻击，没有救捞任何一名英国水兵就匆匆撤离了。这些英国水兵到后来大都死亡，因为当时刚好碰到极昼，北极地区的太阳光很微弱，落水的水兵们根本就无法获得足够的温暖，大部分人因为食物缺乏导致体力过度透支，最后被活活冻死。

6月10—11日，有一艘撤往英国的挪威货轮遇见了一些幸存者，将他们救了起来，当时仅有46名幸存者，在这次海战中，有多达1500名左右英国皇家海军和空军人员不幸遇难。而德国"沙恩霍斯特"号战列巡洋舰中丧生3名军官，45名水兵，另外还有3人受伤。

在这次战役中，德国貌似取得了胜利，但是德国的损失也很惨重，水面上的战舰几乎全军覆没，有3艘主力舰被英国击沉了，损失了10艘驱逐舰，还有3艘驱逐舰毁坏很严重。这些战舰想要再次出海作战，至少得在半年之后。到挪威战役结束时，德国海军可以作战的战舰仅剩下1艘巡洋舰、2艘轻型巡洋舰和4艘驱逐舰。可以这么说，在挪威海战结束后，德国已经丧失出海作战的能力。

纳尔维克战役结束之后，迪特尔成了传奇人物。在1940年7月19日，迪特尔因在纳尔维克的卓越表现成为德军中第一位获得橡叶骑士十字勋章的英雄，他也于同日晋升山地步兵上将军衔。在战役结束之后，丘吉尔曾坦率承认："在纳尔维克，一支混合的、临时凑集的德国部队，人数仅有6000人，竟然能够抵抗盟军20000多人长达6个星期。在这次挪威战役中，我们的部队中，不乏精锐的部队，像苏格兰和爱尔兰卫队，但希特勒的精壮的、勇往直前和训练有素的年轻士兵还是把他们击败了。"

★英国"光荣"号航空母舰的不幸

在这次海战中，英国战败的原因有很多种。在此前一段时间，挪威北部和斯卡帕之间的这部分海域被认为是最安全的。英国"皇家方舟"号航空母舰和英国"光荣"号航空母舰在一两艘驱逐舰护航下往返多次，全部安然无恙。但没有料到偏偏就在这一次遇上了德国主力军舰。

英国皇家海军无线电通信制度的缺陷造成基地和附近的"皇家方舟"号航空母舰未能收到英国"光荣"号航空母舰的求救信号。英国"光荣"号航空母舰以西60海里的"德文郡"号重巡洋舰曾收到一份英国"光荣"号航空母舰含糊不清的电文。"德文郡"号重巡洋舰正搭载着挪威国王、政府成员和黄金储备向英国返航，重任在肩它不敢贸然打破无线电静默。如果英国"光荣"号航空母舰有1~2架在空中巡逻的飞机，那么完全可以避开德国舰队的炮击屠杀。由于护航舰只有2艘，只能在航空母舰两侧提供反潜支援，不能前出侦察。如果能再有2~3艘驱逐舰伴随，英国"光荣"号航空母舰也不至于遭到这样的下场。无论如何，"热心"号驱逐舰和"阿卡斯塔"号驱逐舰在这场海战中表现很出色，它们没有被占绝对优势的德国军舰压倒，而是勇敢地和德国舰队进行拼杀，最后使得德国舰队受到重创。